高职高专汽车类专业创新一体化教材

新能源汽车
结构原理与检修

（彩色版）

主　编　康　杰　李守纪　林振琨
副主编　李桂枝　马金刚　王　毅　悦中原
参　编　向　巍　黄政杰　叶升强　杨明傲
　　　　杨唐瑜　兰　天　罗　伟　王洪佩
　　　　李　帅　梁　堃　杨正荣　彭文亮

机械工业出版社

本书结合新能源汽车"三纵三横"研发格局，对新能源汽车安全操作、整车架构、核心部件结构原理和检修方法进行了综合介绍。本书内容包括新能源汽车简介、新能源汽车安全操作、动力蓄电池与管理系统、驱动电机及控制系统、整车控制系统、车联网应用技术、辅助电气系统、新能源汽车维护及PDI检验、新能源汽车常见故障案例分析9个学习项目。书末附录有新能源汽车技能大赛项目案例及评分细则。

本书可作为高职高专新能源汽车专业及汽车运用与维修专业教材，也可作为新能源汽车维修培训机构及维修企业的培训教材和参考用书。

为了方便学生学习，本书设有任务实施记录单，并配有相关视频和动画，可通过扫描书中二维码观看。本书还配有电子课件，教师可登录www.cmpedu.com以教师身份注册、下载，或电话咨询010-88379674。

图书在版编目（CIP）数据

新能源汽车结构原理与检修：彩色版 / 康杰，李守纪，林振琨主编 . —北京：机械工业出版社，2021.1（2025.7 重印）
高职高专汽车类专业创新一体化教材
ISBN 978-7-111-67046-9

Ⅰ . ①新… Ⅱ . ①康… ②李… ③林… Ⅲ . ①新能源 – 汽车 – 构造 – 高等职业教育 – 教材 ②新能源 – 汽车 – 车辆检修 – 高等职业教育 – 教材 Ⅳ . ① U469.7

中国版本图书馆 CIP 数据核字（2020）第 247225 号

机械工业出版社（北京市百万庄大街 22 号 邮政编码 100037）
策划编辑：齐福江 责任编辑：齐福江 郑 晨
责任校对：肖 琳 封面设计：张 静
责任印制：张 博
北京建宏印刷有限公司印刷
2025 年 7 月第 1 版第 6 次印刷
184mm×260mm · 11.5 印张 · 298 千字
标准书号：ISBN 978-7-111-67046-9
定价：55.00 元

电话服务 网络服务
客服电话：010-88361066 机 工 官 网：www.cmpbook.com
010-88379833 机 工 官 博：weibo.com/cmp1952
010-68326294 金 书 网：www.golden-book.com
封底无防伪标均为盗版 机工教育服务网：www.cmpedu.com

根据中国汽车工业协会数据显示，我国新能源汽车销量从 2009 年的不足 500 辆增长至 2019 年的 120.6 万辆，2019 年我国新能源汽车总计生产 124.2 万辆，占全球新能源汽车市场份额的 50% 以上。

新能源汽车行业发展迅猛，前景可期，必将造就一批热门的就业岗位。根据教育部、人力资源和社会保障部、工业和信息化部联合印发的《制造业人才发展规划指南》显示，作为制造业十大重点领域之一的节能与新能源汽车，预计到 2025 年新能源汽车技术人才缺口高达 103 万。

《新能源汽车结构原理与检修（彩色版）》以新能源汽车的动力蓄电池、驱动电机、整车控制系统三大核心技术为主线，汇集新能源汽车常见的维修作业项目，结合新能源汽车售后服务企业对从业人员的岗位要求等内容进行编写。本书共有 9 个学习项目，层次分明、实用性强。项目一主要讲解新能源汽车的相关概念和基本构造；项目二重点讲解高压安全防护与车辆的安全操作；项目三讲解动力蓄电池结构原理、充电系统工作模式以及常见故障维修；项目四讲解驱动电机、电机控制系统结构原理以及常见故障维修；项目五讲解整车控制策略、高压附属系统及 CAN 总线等知识；项目六讲解新能源汽车远程控制与手机 App 功能操作；项目七讲解新能源汽车特有的电控空调系统、电控制动系统的结构原理与维修；项目八讲解新能源汽车维护作业与新车 PDI 检验；项目九对新能源汽车故障维修的典型案例进行了分析。书后还附有新能源汽车技能大赛案例及评分细则，以便学员了解新能源汽车技能赛项的相关知识。

本书由北京意中意教育装备有限公司组编，北京意中意教育装备有限公司康杰、北京汽车技师学院李守纪、广西南宁职业技术学院林振坤担任主编；内蒙五原县高级职业中学李桂枝、河北邢台职业技术学院马金刚、贵州交通职业技术学院王毅、北京交通运输职业学院悦中原担任副主编；贵州交通职业技术学院向巍，四川交通职业技术学院黄政杰，云南交通职业技术学院叶升强，云南保山技师学院杨明傲、杨唐瑜，云南临沧高级技工学校兰天，湖北襄阳职业技术学院罗伟，山东菏泽职业学院王洪佩，安徽蚌埠汽车士官学校李帅，宁夏工商职业技术学院梁堃，贵州装备制造职业学院杨正荣，贵州兴仁市民族职业技术学校彭文亮参编。

由于时间仓促、编者水平有限，书中如有不足之处敬请读者朋友批评指正。

编　者

二维码清单

新能源汽车结构原理与检修

名称	图形	名称	图形
二维码 1、高压设备安全常识 P19		二维码 8、电机控制器拆装 P87	
二维码 2、纯电动汽车组合仪表 P27		二维码 9- 车辆运行数据读取 P105	
二维码 3、慢充安全操作 P36		二维码 10、DC/DC 变换器拆装 P109	
二维码 4、车载充电机 P63		二维码 11、高压电缆拆装 P111	
二维码 5、车载充电机拆装 P65		二维码 12、空调系统压力检测 P134	
二维码 6、动力蓄电池拆装 P72		二维码 13、PTC 加热器拆装 P137	
二维码 7、驱动电机结构 P78			

CONTENTS
目　录

新能源汽车简介

任务一　认识新能源汽车

情境导入

张先生想换辆车，来到 4S 店进行选购。

张先生： 我打算换一辆新车，请问是传统的燃油车好还是新能源汽车好呢？

技师王： 传统的燃油车会排放有害气体、污染环境、运转噪声大，并且用车和养护成本也很高。新能源汽车采用动力蓄电池，在运行过程中可以做到零污染。与传统的燃油车相比，新能源汽车还具有结构简单、噪声小、操控性好、使用成本低等优点。

学习目标

1. 掌握新能源汽车的定义和类别。
2. 了解新能源汽车的特点及典型车型。

一、相关知识

1. 新能源汽车定义

2017 年 1 月 17 日工业和信息化部公布《新能源汽车生产企业及产品准入管理规定》第 39 号令，在规定中指出：新能源汽车是指采用新型动力系统，完全或者主要依靠新型能源驱动的汽车，包括插电式混合动力（含增程式）汽车、纯电动和燃料电池汽车等。

2. 新能源汽车分类

按照动力源的不同，新能源汽车可分为纯电动汽车（BEV）、增程式电动车（REEV）、混合动力汽车（HEV）和燃料电池电动汽车（FCEV）四种。

（1）纯电动汽车（BEV）

纯电动汽车 BEV（battery electric vehicle）是指驱动能量完全由电能提供的、由电机驱动的汽车。电机的驱动电能来源于车载可充电储能系统或其他能量储存装置。

代表车型：特斯拉（图 1-1）、蔚来 ES8、日产聆风、宝马 i3、吉利 EV450（图 1-2）、比亚迪 e6（图 1-3）、北汽 EV、江淮 iEV、上汽荣威 e50 及各大城市的纯电动公交车。

优点：可以实现行驶过程完全零排放，技术相对简单成熟，只要是有电力供应的地方就能够充电。如果续驶里程和充电速度能达到汽油车的水平，新能源汽车的普及率会更高。

缺点：动力蓄电池单位重量储存的能量太少，因电动车的动力蓄电池尚没形成经济规模，故购买价格较贵。至于使用成本，有的使用价格比汽车贵，有的价格仅为汽车的 1/3，这主要取决于动力蓄电池的寿命及当地的油、电价格。

图 1-1　特斯拉

图 1-2　吉利 EV450

（2）增程式电动汽车（REEV）

增程式电动汽车 REEV（Range Extended Electric Vehicle）在纯电动模式下可以达到其所有的动力性能，而当车载可充电储能系统无法满足续驶里程要求时，打开车载辅助供电装置为动力系统提供电能，以延长电动汽车的续驶里程，且该车载辅助供电装置与驱动系统没有传动轴（带）等传动连接。

代表车型：宝马 i3 增程版（图 1-4）、比亚迪秦增程式电动车（图 1-5）、广汽传祺 GA5 增程版、雪佛兰沃蓝达等。

图 1-3　比亚迪 e6

优点：具有较长的续驶里程，仅凭纯电动模式也能行驶数百千米路程。由于动力源为电动机，所以起步时加速动力很足，电动机低速转矩大因而加速快。在动力蓄电池电量消耗殆尽后，还可以依靠自带的内燃机发电，给动力蓄电池充电；依靠内燃机发电，增程式电动车可以在一定程度上提高车辆的续驶里程。

缺点：由于发动机和发电机并不直接驱动车轮，造成了部分功率的浪费；并且发动机和电机的质量并未减轻；由于只有一台电动机驱动，所以只能发挥出"1 + 1 = 1"的效果。如一辆增程式电动车携带了总功率 200kW 的发动机和电动机，但是能驱动车轮的电动机功率只有 100kW。

图 1-4　宝马 i3 增程版

图 1-5　比亚迪秦增程式电动车

（3）混合动力汽车（HEV）

混合动力汽车 HEV（Hybrid Electric Vehicle）是能够至少从下述两类车载储存的能量中获得动力的汽车：

——可消耗的燃料；

——可再充电能 / 能量储存装置。

代表车型：丰田普锐斯（图 1-6）、雷凌（图 1-7）、卡罗拉。

图 1-6　丰田普锐斯

图 1-7　丰田雷凌

优点：

1）可按平均需要的功率来确定内燃机的最大功率，在油耗低、污染少的最优工况下工作。需要大功率而内燃机功率不足时，由动力蓄电池来补充；负荷小时，富余的功率可通过发电机给动力蓄电池充电。由于内燃机可持续工作，动力蓄电池又可以不断得到充电，故其续驶里程和普通汽车一样。

2）可以通过动力蓄电池回收制动、下坡和怠速时的能量。

3）低速行驶可关停内燃机，由动力蓄电池单独驱动，实现零排放。

4）有了内燃机就可以十分方便地解决耗能大的空调、取暖、除霜等纯电动汽车遇到的难题。

5）可让动力蓄电池保持在良好的工作状态，不发生过充、过放，延长其使用寿命，降低成本。

缺点：长距离高速行驶基本不能省油。

（4）燃料电池电动汽车（FCEV）

燃料电池电动汽车 FCEV（Fuel Cell Electric Vehicle）是一种以燃料电池系统作为单一动力源或者是以燃料电池系统与可充电储能系统作为混合动力源的电动汽车。其电池的能量是通过氢气和氧气之间的化学反应作用，而不是经过燃烧直接变成电能的。燃料电池的化学反应过程不会产生有害产物，因此燃料电池电动汽车是无污染的汽车。燃料电池的能量转换效率比内燃机要高 2~3 倍，因此从能源的利用和环境保护方面看，燃料电池电动汽车是一种理想的车辆。与传统汽车相比，燃料电池汽车具有以下优点：

1）零排放或近似零排放。

2）减少了机油泄漏带来的环境污染。

3）降低了温室气体的排放。

4）运行平稳、无噪声。

缺点：目前氢气供应基础设施不完善。

总之，新能源汽车主要以传统燃料之外的新能源作为车辆的驱动能量，新能源汽车与传统汽车的区别如图 1-8 所示。

图 1-8　新能源汽车与传统汽车的区别

3. 新能源汽车发展前景

《中国制造 2025》是国务院于 2015 年 5 月印发的部署全面推进实施制造强国的战略文件，是中国实施制造强国战略的第一个 10 年行动纲领。《中国制造 2025》把节能与新能源汽车列为重点发展的十大领域之一，将汽车强国正式上升为国家战略。

2016 年 10 月 26 日，由 500 多位行业专家历时一年研究编制的《节能与新能源汽车技术路线图》正式发布，路线图的发布为我国汽车产业描绘出未来 15 年的发展蓝图，节能与新能源汽车发展目标见表 1-1。路线图以 2020 年、2025 年、2030 年为节点，在销量方面规划出至 2020 年，新能源汽车年销量超过总销量 7%，2025 年新能源汽车年销量超过总销量 15%，2030 年新能源汽车年销量超过总销量 40%。

2017 年 10 月 17 日，工业和信息化部、财政部、商务部、海关总署、质检总局联合发布了《乘用车企业平均燃料消耗量与新能源汽车积分并行管理办法》（即"双积分政策"），对新能源汽车的技术含量、配套设施、服务水平有了更高的要求。有数据表明，汽车产业不仅规模庞大，而且关联行业多，还是众多产业技术创新的集合体，从行业现状来看，新能源汽车将是发展趋势。

2018 年 2 月 26 日，工业和信息化部等七部委联合发布《新能源汽车动力蓄电池回收利用管理暂行办法》，办法中明确了动力蓄电池生产企业产品的设计要求、生产要求和回收责任等，旨在加强新能源汽车动力蓄电池回收利用管理，规范行业发展、推进资源综合利用、保护环境和人体健康、保障安全、促进新能源汽车行业持续健康发展。

表 1-1 节能与新能源汽车发展目标

发展目标	技术路径	发展重点
乘用车新车平均油耗： 2020 年 5.0L/100km 2025 年 4.0L/100km 2030 年 3.2L/100km 商用车平均油耗（相比 2015 年）： 2020 年降低 10% 2025 年降低 15% 2030 年降低 20% 节能汽车市场占有率： 2020 年 30% 2025 年 40% 2030 年 50%	节能乘用车： 提高发动机热效率 优化动力总成匹配 降低传动损失 减少整车能量损耗 混合动力发动机专用化 提高混合动力系统效率 节能商用车： 提高柴油机热效率 降低整车动力损耗 混合动力	先进内燃机燃烧机理研究 自主控制系统开发 全可变气门技术 废气能量回收 发动机热管理技术 变速器自动化、高效化及核心零部件技术 低摩擦技术研究 增压器与应用技术 先进燃油喷射系统研究 48V 系统开发 混合动力发动机技术 混合动力机电耦合技术

 我国新能源汽车产业在政府的积极作为、科技的支撑引领、巨大的市场规模、创新的商业模式共同作用下取得了显著的技术进步和快速的发展，目前正处于由导入期向成长期过渡的关键阶段，在全球产业体系中占据举足轻重的地位，引领和加速了全球汽车电动化、智能化、网联化、共享化的进程。在当前市场成长的关键阶段，必须把安全作为新能源汽车最关键的指标，把提高新能源汽车安全性放在最重要的位置。因此，在 2019 年 10 月，由中国汽车工业协会、中国汽车动力蓄电池产业创新联盟、中国电动汽车充电基础设施促进联盟联合组织行业编制的《电动汽车安全指南》（2019 版）在京发布，该指南的推出对提高我国新能源汽车安全性、促进我国新能源汽车健康发展起到了重要作用。

 2020 年 4 月 7 日，相关领导在北京主持召开了《新能源汽车产业发展规划（2021—2035年）》咨询委员会会议，会议表明进一步坚定发展信心、明确发展目标；同时加快编制推动公共领域车辆电动化行动计划，积极推动公交、环卫、邮政、出租、通勤、轻型物流配送等领域，提高车辆电动化水平。鼓励相关地区出台用电补贴、便利使用等促进新能源汽车消费的具体政策措施，优化配套使用环境，加大推广应用的力度。在我国新能源汽车重大项目的不断推动下，在汽车行业及相关产学研单位的共同努力下，结合汽车产业的发展情况，建立了新的新能源汽车"三纵三横"产业格局。将纯电动汽车、插电式混合动力汽车（含增程式）、燃料电池电动汽车三种整车技术列为"三纵"；将动力蓄电池及管理系统、驱动电机与电力电子、网联化与智能化三种关键技术列为"三横"，如图 1-9 所示。

图 1-9 新能源汽车产业格局

 根据中国汽车工业协会的数据，2019 年我国新能源汽车产销分别完成 124.2 万辆和 120.6万辆，受新能源补贴退坡影响，同比分别下降 2.3% 和 4.0%。其中纯电动汽车生产完成 102 万辆，同比增长 3.4%；销售完成 97.2 万辆，同比下降 1.2%；插电式混合动力汽车产销分别完成 22.0 万辆和 23.2 万辆，同比分别下降 22.5% 和 14.5%；燃料电池汽车产销分别完成 2833 辆和 2737 辆，同比分别增长 85.5% 和 79.2%。我国 2013—2019 年新能源汽车销量及增长率如图 1-10 所示。截至 2019 年底，全国新能源汽车保有量达 381 万辆，占汽车总量的 1.46%。从产业规模来说，我国已经连续五年位居全球新能源汽车产销第一大国，新能源汽车增量连续两年超过 100 万辆，呈快速增长趋势。

图 1-10　2013—2019 年新能源汽车销量及增长率

2020 年 9 月 16 日—17 日，全球新能源汽车供应链创新大会在南京召开。本届大会聚焦"做强汽车三条链实现汽车强国"主题，共同商讨如何更好地打造汽车电动化、智能化、网联化的供应链。2.0 版"节能与新能源汽车技术路线图"提出：到 2035 年，节能汽车与新能源汽车约各占 50%，汽车产业基本实现电动化转型。专家组不建议制定"禁燃时间表"，但坚持汽车纯电驱动的发展路线不动摇。提出传统汽车要全面"混动化"的目标，用"全面电驱动计划"代替"禁燃时间表"更符合中国国情，坚持不懈地努力降低中国汽车综合能耗，实现二氧化碳减排的国际承诺。

4. 新能源汽车应用特点

（1）无污染、噪声低

与燃油发动机汽车相比，新能源汽车行驶时不产生排放污染物，驱动电机工作时产生的噪声也比发动机产生的噪声小。但是，使用新能源汽车并非绝对无污染，动力蓄电池充电所用的电力，在用煤炭作燃料时也会产生 CO、SO_2、粉尘等有害排放物质，但它的污染比燃油汽车的废气要轻得多。

（2）能源效率高、来源多样化

新能源汽车的能源利用效率已超过燃油汽车，特别是在城市工况运行时，汽车走走停停，行驶速度不高，新能源汽车更加适宜。新能源汽车停车时不消耗电量，在制动过程中，电动机还可以自动转化为发电机，实现减速制动时能量的回收利用。另一方面，新能源汽车的应用可有效地减少对石油资源的依赖。向动力蓄电池充电的电力可以由煤炭、天然气、水力、核能、太阳能、风力、潮汐等能源转化而来。除此之外，如果夜间向动力蓄电池充电，还可以避开用电高峰，有利于电网均衡负荷，减少费用。

（3）结构简单、维修保养方便

新能源汽车较传统的燃油汽车结构简单，运转和传动的零部件比较少，维修保养工作量小。动力蓄电池、驱动电机保养以检查紧固为主。

（4）维修成本高、续驶里程短

目前新能源汽车尚不如燃油汽车技术完善，一方面动力蓄电池的寿命比较短，更换成本高；另一方面动力蓄电池的储存能量小，一次充电后续驶里程不理想，汽车的价格也比较贵。但从发展的角度来看，随着科技的进步，新能源汽车的问题会逐步得到解决。

（5）基础设施差、充电不方便

新能源汽车需要频繁充电，当车辆正常停放或长途行驶时，能够提供充电的设施非常少。此外，新能源汽车的动力蓄电池充满电所需要的时间也比较长，使用的便捷性较差。

二、任务实施

1. 实施准备

（1）实训物品准备

1）动力蓄电池总成。

2）新能源汽车整车。

（2）安全注意事项

1）禁止随意分解各种动力蓄电池。

2）任务实施场地明亮整洁、通风良好。

3）禁止携带钥匙、手表、首饰等物品进行任务实施。

4）佩戴安全防护用品，避免电解液溅入眼内或接触皮肤。

2. 实施内容

1）主流电动汽车品牌调查。

2）主流电动乘用车主要性能参数记录。

3. 实施记录

任务实施记录单见表1-2。

表 1-2　国内主流电动汽车性能参数查询记录单

汽车生产企业名称	车辆名称	纯电动汽车续驶里程 /km	整车装备质量 /kg	动力蓄电池组总质量 /kg	动力蓄电池组总能量 / (kW·h)
江淮汽车					
比亚迪汽车					
北汽新能源汽车					
奇瑞汽车					
广汽集团汽车					
重庆力帆汽车					
吉利新能源汽车					
蔚来汽车					
长城汽车					
上汽荣威汽车					
长安汽车					

三、任务检验

1. 自检
参与实训练习的学员自我完成任务检验。
2. 互检
由完成相同实操练习项目的学员相互进行任务检验。
3. 终检
由专职质量管理人员（教师）进行专业检查。

四、教学评估

由教师依据教学目标对教学过程及结果进行价值判断。

任务二　新能源汽车结构认知

情境导入

　　小刘是一名学习汽车专业的学生，正在某品牌新能源汽车 4S 店实习。

　　刘同学：新能源汽车是由哪些部件组成的呢？

　　技师王：新能源汽车中的电动汽车是一种采用单一动力蓄电池作为动力源的汽车。它利用动力蓄电池作为储能动力源，通过动力蓄电池向电机提供电能，驱动电机运转，从而推动汽车行驶。结构上与传统汽车最大的区别在于动力系统，电动汽车的动力装置主要由动力蓄电池和驱动电机等部件组成。

学习目标

　　1. 了解电动汽车的基本结构。

　　2. 掌握电动汽车的部件功能。

一、相关知识

1. 电动汽车基本结构

电动汽车是在传统汽车产业链基础之上发展而来的，在车辆结构上与传统汽车最大的区别在于动力系统。电动汽车的核心结构主要包括动力蓄电池系统、动力驱动系统和整车控制系统三部分，此外还有车辆辅助控制系统以及动力传动系统等部件，如图1-11所示。

图1-11　电动汽车基本结构

2. 电动汽车部件功能

电动汽车的主要组成部件如图1-12所示。

图1-12　电动汽车主要组成部件

（1）动力蓄电池系统

电动汽车动力蓄电池的成本大概占整车成本的50%，因此动力蓄电池的性能决定着整车的性价比。电动汽车的动力蓄电池系统是一个集成的动力能量系统，它通过CAN总线与整车控制系统、充电机、电机控制器等部件进行通信，并协同工作来完成车辆的正常行驶。图1-13为日产聆风动力蓄电池系统。

（2）动力驱动系统

动力驱动系统是电动汽车的心脏，主要由驱动电机和电机控制器组成。驱动电机是新能源汽车的三大核心部件之一，是车辆行驶的主要执行机构。驱动电机可以根据驾驶人的驾驶意图，将动力蓄电池的电能转换为动能来驱动车辆行驶，或者将车轮上的动能反馈到动力蓄电池系统，以实现车辆的再生能量回收工作。图 1-14 为驱动电机。

根据 GB/T 18488.1—2015《电动汽车用驱动电机系统　第 1 部分：技术条件》的定义：驱动电机系统是驱动电机、驱动电机控制器及它们工作必须的辅助装置的组合。驱动电机是将电能转换成机械能，为车辆行驶提供驱动力的电气装置，该装置也可以具备机械能转换成电能的功能。驱动电机控制器是指控制动力电源与驱动电机之间能量传输的装置，由控制信号接口电路、驱动电机控制电路和驱动电路组成。

图 1-13　日产聆风动力蓄电池系统

图 1-14　驱动电机

（3）整车控制器

整车控制器通过采集驾驶信号判断驾驶人的意愿，根据车辆实际行驶情况、动力蓄电池以及驱动电机的工作状态合理分配动力，使车辆运行在最佳状态（图 1-15）。电动汽车以整车控制器为主节点，通过 CAN 总线网络对电动汽车动力链的各个环节进行管理、协调和监控，以此实现整车的驱动控制、能量优化控制、制动回馈控制以及网络管理等功能。

图 1-15　整车控制器工作原理图

（4）高压配电盒

高压配电盒是电动汽车高压电的分配单元。新能源汽车高压系统普遍采用集中配电方案，其结构设计紧凑、接线布局方便。高压动力电源直接进入高压配电盒，然后根据系统需要再分配到各个高压电气部件，此外高压配电盒还集成了部分动力蓄电池管理系统智能控制单元，从而更进一步简化整车架构。

（5）DC/DC 变换器

根据 GB/T 24347—2009《电动汽车 DC/DC 变换器》的术语和定义，DC/DC 变换器表示在直流电路中将一个电压值的电能变换为另一个电压值的电能的装置。DC/DC变换器就是直流转直流的意思，可以将动力蓄电池的高压直流电转换为低压直流电，通常为12V，以此给新能源汽车的基础电气系统提供低压直流电源。

（6）充电机

按照QC/T 895—2011《电动汽车用传导式车载充电机》的定义，车载充电机是指固定安装在电动汽车上，将公共电网的电能变换为车载储能系统所要求的直流电，并给车载储能系统充电的装置。充电机能够根据动力蓄电池管理系统（BMS）提供的数据，动态调节充电时的电流或电压参数，自动完成充电过程。

（7）辅助控制系统

电动汽车辅助控制系统用于保证和提高车辆的行驶安全性能，主要包括空调、冷却系统、电动转向系统、电控制动系统以及安全气囊等装置，借助这些辅助设备来提高车辆的安全性和舒适性。

（8）车身基础电气系统

车身基础电气系统是汽车重要的组成部分之一，相当于电动汽车的神经系统，承担着基本功能应用、安全警示、能量与信息传递等功能，对车辆的动力性、经济性、安全性和舒适性等有着非常大的影响。汽车基础电气系统是现代汽车发展水平的一个重要标志，其科技含量已成为衡量现代汽车档次的重要指标之一。随着科技的发展，集成电路和微型电子计算机在汽车上的广泛应用，电器数量在增加，功率在增大，产品质量、性能在提高，结构更趋于完善。

（9）动力传动系统

电动汽车驱动电机与车轮之间的动力传递装置称为动力传动系统。该系统使车辆具有在各种行驶条件下所必需的牵引力，以及使牵引力与车速之间协调变化的功能。目前，电动汽车的动力传动系统主要有以下三种布置方案：

第一种与传统发动机传动系统布置方案一样，仍带有变速器，主要是为了提高电动汽车的起动转矩及增加低速时电动汽车的后备功率。装有这种传动系统的电动汽车主要是由燃油汽车改装而成的。

第二种布置形式的最大特点是取消了离合器和变速器，因此对驱动电机的要求较高。它不仅要求有较高的起动转矩，而且要求具有较大的后备功率，以保证电动汽车起步、爬坡、加速超车等动力性能。

第三种布置形式是直接将驱动电机安装在驱动轮或驱动轴上，直接由电机实现变速、差速、换向。它不仅要求电机性能好，有较高的起动转矩，较大的后备功率，而且对控制系统的要求也很高。控制系统需要有较高的控制精度，具备良好的可靠性，从而使电动汽车安全、平稳地行驶。

二、任务实施

1. 实施准备

（1）实训物品准备

1）电动汽车整车。

2）车辆防护用品三件套。

3）高压安全用电警示牌。

4）警示隔离带。

5）车辆举升机。

（2）安全注意事项

1）任务实施场地拉设警示隔离带。

2）关闭点火开关，断开低压蓄电池负极连接线。

3）在前机舱内放置高压安全用电警示牌。

4）严禁用手直接触摸动力电缆（橙色部分）。

5）举升车辆时，必须规范操作举升机。

2. 实施内容

1）电动汽车主要组成部件认知。

2）电动汽车组成部件功能描述。

3. 实施记录

任务实施记录单见表1-3。

表 1-3　任务实施记录单

序号	部件名称	安装位置	部件功能
1	动力蓄电池		
2	驱动电机		
3	电机控制器		
4	整车控制器		
5	高压配电盒		
6	DC/DC 变换器		
7	车载充电机		

三、任务检验

1. 自检

参与实训练习的学员自我完成质量检验。

2. 互检

由完成相同实操练习项目的学员相互进行质量检验。

3. 终检

由专职质量管理人员（教师）进行专业检查。

四、教学评估

由教师依据教学目标对教学过程及结果进行价值判断。

复 习 题

一、填空题

1. 按照动力源的不同，新能源汽车可分为_____、_____、_____和_____四种。

2. 纯电动汽车的英文缩写为_____。

3. 混合动力汽车在电量充足的情况下，低速行驶时可以_____内燃机。

4. 截至 2019 年底，我国新能源汽车增量连续_____年超过 100 万辆，呈快速增长趋势。

5. _____表示在直流电路中，将一个电压值的电能变换为另一个电压值的电能装置。

6. 车载充电机固定安装在电动汽车上，能够将公共电网的交流电能变换为车载储能装置所需要的_____。

二、选择题

1. （　　）工业和信息化部公布《新能源汽车生产企业及产品准入管理规定》第 39 号令。

A. 2015 年　　　　　B. 2016 年　　　　　C. 2017 年　　　　　D. 2018 年

2. （　　）是指驱动能量完全由电能提供的、由电机驱动的汽车。电机的驱动电能来源于车载可充电储能系统或其他能量储存装置。

A. 蓄电池车　　　B. 纯电动汽车　　　C. 乙醇燃料汽车　　D. 混合动力汽车

3. 在新能源汽车产业格局中，将（　　）三种整车技术列为"三纵"。

A. 纯电动汽车　　　　　　　　　　B. 插电式混合动力汽车（含增程式）

C. 燃料电池汽车　　　　　　　　　D. 天然气汽车

4. 在新能源汽车产业格局中，将（　　）三种关键技术列为"三横"。

A. 动力蓄电池及管理系统　　　　　B. 驱动电机与电力电子

C. 网联化与智能化　　　　　　　　D. 车辆 ECU 控制系统

5. 新能源汽车动力蓄电池充电时所用的电力，在用煤炭作燃料发电时也会产生（　　）等有害物质。

A. CO　　　　　　B. SO_2　　　　　　C. 粉尘　　　　　　D. 焦煤

6. 向新能源汽车动力蓄电池充电的电力，可以由（　　）等能源转化而来。

A. 煤炭　　　　　B. 水力　　　　　　C. 太阳能　　　　　D. 风能

三、判断题

1. 纯电动汽车的主要优点是行驶过程中完全零排放、结构相对简单、日常使用的维护成本低。　　　　　　　　　　　　　　　　　　　　　　　　　　　　　　　　　　（　　）

2. 增程式电动汽车是一种在纯电动模式下可以达到其所有的动力性能，而当车载可充电储能系统无法满足续驶里程要求时，打开车载辅助发电装置为动力系统提供电能，以延长续驶里程的电动汽车，且该车载辅助供电装置与驱动系统没有传动轴（带）等传动连接。　　（　　）

3. 混合动力汽车配置的电池数量一般较少。　　　　　　　　　　　　　　　　（　　）

4. 燃料电池电动汽车是一种以燃料电池系统作为单一动力源或者是以燃料电池系统与可充电储能系统作为混合动力源的电动汽车。　　　　　　　　　　　　　　　　　　（　　）

5.《中国制造 2025》把节能与新能源汽车列为重点发展的十大领域之一，将汽车强国正式上升为国家战略。　　　　　　　　　　　　　　　　　　　　　　　　　　　　（　　）

6. 在 2018 年，工业和信息化部等七部委联合发布《新能源汽车动力蓄电池回收利用管理暂行办法》，办法中明确了动力蓄电池生产企业产品的设计要求、生产要求和回收责任等。（　　）

新能源汽车安全操作

情境导入

某品牌的新能源汽车 4S 店在开展新员工培训。

员工李：听说新能源汽车上有好几百伏的高压电，维修新能源汽车是不是很危险啊？

技师王：新能源汽车确实是采用高压动力蓄电池来驱动车辆行驶的。该电压通常在 300V 以上，但是只要按照规范进行操作就不会有危险。

学习目标

1. 了解触电危害和电动汽车安全要求。
2. 具备触电防护与救护能力。
3. 能够正确使用高压安全防护用品。

一、相关知识

1. 触电危害

电能是一种非常方便的能源，它的广泛应用形成了人类近代史上第二次技术革命，有力地推动了人类社会的发展，给人类创造了巨大的财富，改善了人类的生活。但是如果在生产和生活中不注意安全用电，很可能会带来灾害，因此只有在采取必要的安全措施的情况下才能使用和维修电器设备。

在大力推广电动汽车的同时，如何保证驾驶人员、乘车人员以及汽车维修人员的人身安全，更是值得我们特别关注的话题。在电动汽车安全标准 ISO 6469-3-2018《电动道路车辆安全规范.第3部分：电气安全》和 GB/T 18384.3—2015《电动汽车 安全要求 第3部分：人员触电防护》中，都对电动汽车的电压作了规范定义。电动汽车的工作电压分为 A、B 两个等级。电动汽车电压等级划分见表 2-1。

表 2-1 电动汽车电压等级划分

序号	工作电压等级	直流 /V	交流（15~150Hz）
1	A 级	$0 < U \leqslant 60$	$0 < U \leqslant 30$
2	B 级	$60 < U \leqslant 1500$	$30 < U \leqslant 1000$

对于 A 级电压，不需要进行触电防护。对于任何 B 级电压电路中的带电部件，都应该为电路的接触人员提供安全防护。

根据欧姆定律可知，流经人体电流的大小与外加电压、人体电阻有关。人体电阻除人体自身电阻外，还应附加上人体以外的衣服、鞋、裤等电阻。虽然人体电阻一般可达 5kΩ，但是影响人体电阻的因素很多，如皮肤潮湿出汗、带有导电性粉尘、加大与带电体的接触面积和压力，以及衣服、鞋、袜的潮湿油污等情况，均能使人体电阻降低，所以通常流经人体电流的大小是无法事先计算出来的。为确定安全，往往不采用安全电流，而是采用安全电压来进行估算。

当人体电阻一定时，人体接触的电压越高，通过人体的电流就越大，对人体的损害也就越严重。但并不是人一接触电源就会对人体产生伤害，在日常生活中我们用手触摸普通干电池的两极，人体并没有任何感觉，这是因为普通干电池的电压较低（直流 1.5V）。作用于人体的电压低于一定数值时，在短时间内电压对人体不会造成严重的伤害事故，我们称这种电压为安全电压。

触电对人体的危害程度，主要取决于通过人体电流的大小和通电时间长短。电流强度越大，致命危险越大；持续时间越长，死亡的可能性越大。能够引起人感觉到的最小电流值称为感知电流，交流为 1mA，直流为 5mA；人体触电后能自己摆脱的最大电流称为摆脱电流，交流为 10mA，直流为 50mA；在较短的时间内危及生命的电流称为致命电流，致命电流为 50mA。在有防止触电保护装置的情况下，人体允许通过的电流一般为 30mA。人体触电反应见表 2-2。

表 2-2　人体触电反应

序号	电流 /mA	人体触电反应	
		50Hz 交流电	直流电
1	0.6~1.5	手指开始感觉发麻	无感觉
2	2~3	手指感觉强烈发麻	无感觉
3	5~7	手指肌肉感觉痉挛	手指灼热感和刺痛
4	8~10	手指关节与手掌感觉痛，手已难以脱离电源，但尚能摆脱电源	灼热感增加
5	20~25	手指感觉剧痛，迅速麻痹，不能摆脱电源，呼吸困难	灼热感增加，手的肌肉开始痉挛
6	50~80	呼吸麻痹，心房开始震颤	强烈灼痛，手的肌肉痉挛，呼吸困难
7	90~100	呼吸麻痹，持续 3min 后或更长时间后，心脏停搏或心房停止跳动	呼吸麻痹

电动汽车的动力蓄电池是用低电压单体蓄电池进行串联，以获得 200~500V 的高电压，然后再转换成三相交流电。有些车型的高压系统电压甚至可达到 600V，因此在维修电动汽车的过程中必须做好对高压电的安全防护。

2. 触电急救

当发现了人身触电事故，发现者一定不要惊慌失措，应动作迅速，救护得当。首先要迅速将触电者脱离电源；其次，立即就地进行现场救护，同时找医生救护。

（1）脱离电源

电流对人体作用的时间越长，对生命的威胁越大，因此触电急救首先要使触电者迅速脱离电源。救护人员既要救人又要注意保护自己，可根据具体情况选用拉、切、挑、拽和垫等方法。

1）"拉"是指就近拉开电源开关，拔出插销或断路器。

2）"切"是指用带有绝缘柄或干燥木柄的工具切断电源。切断时，应注意防止带电导线掉落碰触到周围的人。对于多芯绞合导线，应分相切断，以防短路伤害人。

3）"挑"是指如果导线搭落在触电人身上或压在身下，这时可用干燥的木棍或竹竿等绝缘工具挑开导线，使之脱离电源。

4）"拽"是救护人戴上绝缘手套或在手上包裹干燥的衣服、围巾、帽子等绝缘物体拖拽触电人，使其脱离开电源导线。

5）"垫"是指如果触电人由于痉挛手指紧握导线或导线缠绕在身上，这时救护人可先用干燥的木板或橡胶绝缘垫塞进触电人身下使其与大地绝缘，隔断电源的通路，然后再采取其他办法把电源线路切断。

（2）注意事项

1）救护人不得采用金属和其他潮湿的物品作为救护工具。

2）在未采取绝缘措施前，救护人不得直接接触触电者的皮肤、潮湿的衣服以及鞋子。

3）在拉拽触电人脱离开电源线路的过程中，救护人适合用单手操作，这样做对救护人比较安全。

4）当触电人处于较高的位置时，应采取预防摔伤措施，预防触电人在脱离电源时从高处坠落摔伤或摔死。

5）夜间发生触电事故时，在切断电源时会同时使照明断电，应考虑切断后的临时照明，如应急灯等，以利于开展救护工作。

（3）对症抢救

将触电者脱离电源后应立即移到通风处，并将其仰卧，迅速鉴定触电者是否有心跳、呼吸等体征。

1）若触电者神志清醒，但感到全身无力、四肢发麻、心悸、出冷汗、恶心或一度昏迷，但未失去知觉，应将触电者抬到空气新鲜、通风良好的地方舒适地躺下休息，让其慢慢地恢复正常，并要时刻注意保温和观察。若发现呼吸与心跳不规则，应立刻设法抢救。

2）触电者呼吸停止但有心跳，应用口对口人工呼吸法抢救。

3）若触电者心跳停止但有呼吸，应用胸外心脏按压法和口对口人工呼吸法抢救。

4）若触电者呼吸、心跳均已停止，需同时进行胸外心脏按压法与口对口人工呼吸法抢救。

5）千万不要给触电者打强心针或拼命摇动触电者，也不要用木板夹压以及强行挟持触电者，避免使触电者的情况更加恶化。

抢救过程要不停地进行，在送往医院的途中也不能停止抢救。当抢救者出现面色好转、嘴唇逐渐红润、瞳孔缩小、心跳和呼吸逐渐恢复正常时，即为抢救有效的特征。

（4）施救方法

1）口对口人工呼吸法。在做人工呼吸之前，首先要检查触电者口腔内有无异物，呼吸道是否堵塞，特别要注意清理咽喉部分有无痰堵塞；其次，要解开触电者身上妨碍呼吸的衣裤，且维持好现场秩序，方法如图 2-1 所示。

① 将触电者仰卧，并使其头部充分后仰。一般应用一手托在其颈后，使其鼻孔朝上，以利于呼吸道畅通，但头下不得垫枕头，同时将其衣扣解开。

② 救护人在触电者头部的侧面，用一只手捏紧其鼻孔，另一只手的拇指和食指掰开其嘴巴。

③ 救护人深吸一口气，紧贴掰开的嘴巴向内吹气，也可铺一层纱布。吹气时，要用力并使其胸部膨胀，一般应每 5s 吹一次，吹 2s，放松 3s。对儿童可小口吹气。

④ 吹气后应立即离开其口或鼻，并松开触电者的鼻孔或嘴巴，让其自动呼气。

⑤ 在实行口对口（鼻）人工呼吸时，当发现触电者腹部充气膨胀，应用手按住其腹部，并同时进行吹气和换气。

图 2-1　口对口人工呼吸法

2）胸外心脏按压法。胸外心脏按压法是触电者心脏停止跳动后使心脏恢复跳动的急救方法，是每一个电气工作人员应该掌握的救护技能，方法如图 2-2 所示。

① 首先使触电者仰卧在坚实的地方，解开领口衣扣并使其头部充分后仰，鼻孔向上。也可由另外一人用手托在触电者颈后或将其头部放在木板端部，在其胸后垫以软物。

② 救护者跪在触电者一侧或骑跪在其腰部两侧，两手相叠，下面手掌根部放在心窝上方，胸骨下 1/3~1/2 的位置。

③ 掌根用力垂直向下挤压，力量要适中，不得太猛。对成人应压陷 3~4cm，频率为 60 次 /min。对 16 岁以下儿童，一般应用一只手挤压，用力要比成人稍轻一点，压陷 1~2cm，频率 100 次 /min 为宜。

图 2-2　胸外心脏按压法

④ 按压后，掌根应迅速全部放松，让触电者胸部自动复原。放松时，掌根不要离开压迫点，只是不向下用力而已。

⑤ 为了达到良好的效果，在进行胸外心脏按压法的同时，必须进行人工呼吸。因为正常的心脏跳动和呼吸是相互联系且同时进行的，没有心跳，呼吸也要停止，而呼吸停止，心脏也不会跳动。

注意：实施胸外心脏按压法时，切不可草率行事，必须认真坚持，直到触电者苏醒或其他救护人员、医生赶到。

（5）触电预防

1）不要带电操作。操作电工应尽量不进行带电作业，特别是在一些比较危险的场所，应禁止进行带电作业。若必须带电操作，应采取必要的安全措施，例如有专人在现场监护及采取相应的安全绝缘措施等。

2）完善安全措施。电气设备的金属外壳可采用保护接零或保护接地等安全措施，但绝不允许在同一电力系统中一部分设备采取保护接零，另一部分设备采取保护接地。

3）建立安全检查制度。安全检查是发现设备缺陷、及时消除事故隐患的重要措施。安全检查一般应每季度进行一次，特别要加强雨季前和雨季中的安全检查。各种电器，尤其是移动式电器应建立经常的与定期的检查制度，若发现安全隐患，应及时加以处理。

4）加强安全教育。加强电气安全教育和培训是提高电气工作人员的业务素质、加强安全意识的重要途径。电气设备的操作者还要加强用电安全规程的学习，从事电工工作的人员除了应熟悉电气安全操作规程外，还需要掌握电气设备的安装、使用、管理、维护及检修工作的安全要求，具备电气火灾的灭火常识和触电急救的基本操作技能。

5）作业警示。操作电工在全部停电或部分停电的电气设备上工作前，必须做好停电、验电、装设接地线、悬挂安全警示牌和装设防护栏等方面的工作，然后再进行实际作业。

3. 高压安全防护

（1）防护用品

1）绝缘鞋。绝缘鞋是辅助安全用品，有多种型号，通常适用于交流50Hz、1000V以下或直流1500V以下的电力设备检修工作。GB12011—2009《足部防护 电绝缘鞋》对产品使用者也提出了新要求：在使用时应避免锐器刺伤鞋底，使用时鞋面保持干燥，避免高温和腐蚀性物质。产品在穿用6个月后应做一次预防性试验，因锐器刺穿的不合格品不得再当作绝缘鞋使用。

2）绝缘帽。绝缘帽是指具备电绝缘性能要求的安全帽，在帽子上会有"D"的字母标记。按照国家标准进行电绝缘性能试验，用交流1200V耐压试验1min，泄漏电流不应超过1.2mA。

1、高压设备安全常识

3）护目镜。护目镜也叫安全防护眼镜，其种类很多，有防尘眼镜、防冲击眼镜、防化学眼镜和防光辐射眼镜等。护目镜是一种能起到特殊防护作用的眼镜，可根据使用场合的不同选择合适的眼镜。

4）绝缘手套。绝缘手套又叫高压绝缘手套，是用天然橡胶制成，主要用于电工作业。在维修新能源汽车时，通常要求所使用的绝缘手套绝缘等级在1000V/300A以上。

在使用前必须进行充气检验，发现有任何破损则不能使用；维修作业时应将衣袖口套入筒口内，以防发生意外；使用后应将内外污物擦洗干净，待干燥后撒上滑石粉平整放置于干燥的环境中，避免受压受损，远离热源和腐蚀物质；在使用6个月后必须进行预防性试验。

5）绝缘地毯。绝缘地毯又叫绝缘垫、绝缘垫胶板，是用绝缘性能优良的橡胶制造而成的，适用于各种电工作业场所。

6）绝缘工具。绝缘工具通常分为基本绝缘安全工器具和辅助绝缘安全工器具。基本绝缘安全工具是指能直接操作带电设备或可能带电物体的维修工具。辅助绝缘安全工具是指绝缘强度不是承受设备或线路的工作电压，只是用于加强基本绝缘安全的保护作用，用以防止接触电压、跨步电压、泄漏电流电弧对操作人员的伤害。不能用辅助绝缘安全工具直接接触高压设备的带电部分。属于辅助绝缘的安全工器具有绝缘手套、绝缘鞋、绝缘胶垫等。

为了顺利完成电力系统的工作任务而又不发生安全事故，操作者必须携带和使用各种安全工具。

7）安全警示带。安全警示带也叫安全隔离带，主要有塑料和涤纶布两种材质的。安全警示带常用于施工地段、危险地段、交通事故以及突发事件的隔离，在检修新能源汽车时可用于圈定操作场地，起到提醒他人注意安全防范的作用。

8）高压电警示牌。在高压电气系统的检修作业场所放置高压电警示牌是保证工作人员安全的主要措施之一，以此起到安全警示作用，避免或减少安全事故的发生。根据作业内容的不同，通常在警示牌上书写"严禁触摸 高压危险""严禁合闸 正在检修""严禁操作 正在检修"等字样。

（2）个人防护

1）禁止携带钥匙、手表、首饰等导电金属物品。

2）穿好绝缘鞋，戴好绝缘手套、护目镜等防护用品。当在车底拆装动力蓄电池或进行绝缘检测时，还需要佩戴绝缘帽。

3）拆装车辆高压部件时，必须使用电动汽车维修专用绝缘工具，这样才能确保检修过程中的人身安全和设备安全。

4）电动汽车上导线颜色表示特定的含义，鲜艳的橙色电缆用来警示有高压电危险，在检修此类线路部件时必须进行高压防护。

5）在对新能源汽车进行维修或对动力蓄电池充电时，需要放置警示标志，并把车钥匙从点火开关上取下来保管好。

（3）火灾应对

电动汽车在发生交通事故、维修或使用不当造成短路时，很容易引起火灾。电动汽车燃烧时产生的大火比内燃机汽车更猛烈，火情更难控制。电动汽车内部有大容量的动力蓄电池，电动汽车动力蓄电池种类很多，使用比较普遍的动力蓄电池主要有铅酸电池、镍氢电池、锂离子电池（锂电池）。镍氢电池的活性物质是氧化镍、氢氧化钾、氧化钴等，这种动力蓄电池如果发生起火和爆炸，在燃烧时会释放出大量的热，并会产生威胁人员生命的有毒气体，因此灭火人员必须戴上呼吸面罩。

2018 年 9 月 4 日，我国工业和信息化部装备工业发展中心发布了《关于开展新能源客车安全隐患专项排查工作的通知》，装备工业发展中心将联合有关单位，不定期抽查企业新能源客车监控平台预警体系运行情况，并将结果上报工业和信息化部。企业应按照国家标准要求进行相关监控平台建设和运行监控工作，能够对产品异常状态进行监控和预警，并能即时上报地方和国家平台。

电动汽车燃烧时，一般采用泡沫灭火器或干粉灭火器来灭火，但是这些灭火器都灭不了锂电池的火情。在燃烧现场，在确保人员安全的前提下首先应该把动力蓄电池与其他物品分开，让动力蓄电池自行燃烧完毕。

在各大新能源汽车生产厂商所出具的紧急响应指南里都提到了用水灭火。不仅提到了用水灭火，而且是大量且持续的水。用水灭火主要出于两个目的：

一是降温。NFPA（美国消防协会）做过相关测试，动力蓄电池燃烧时外面的最高温度能达到 1090℃。同时用水长时间压制火苗，能防止热量进一步扩散，降低复燃风险。

二是稀释产生的有毒气体。新能源汽车使用的锂电池在燃烧过程中，会产生不少有毒气体，比如 HF（氢氟酸）、CO（一氧化碳）、HCN（氰化氢）等气体。

4. 安全操作

1）严禁非专业人员对新能源汽车的任何高压部件进行拆卸或安装。

2）未经过高压安全培训的维修人员，不允许对高压部件进行维护。

3）在维修作业前必须确认点火开关处于"Lock"档位，并断开低压蓄电池负极，然后用绝缘胶带做好蓄电池负极的绝缘处理。

4）在充电过程中不允许对车辆进行任何的拆装、维护作业。

5）高压部件打开或插头断开后，先使用万用表对其电压进行测量，电压在规定的安全电压值以下才可以进行下一步的操作。

6）当高压线束出现绝缘故障时，应立即更换，并且不能用普通电缆代替。

7）严禁用水擦拭或冲洗车辆电气部分，严禁利用车身电源对车辆以外的其他设备进行供电。

8）遇雷雨、风雪等恶劣天气，禁止在室外对电动汽车进行充电或维修作业。

9）当发现有人触电时，应立即切断电源进行抢救。在未断开电源前，严禁与触电者直接接触。

二、任务实施

1. 实施准备

（1）实训物品准备

1）心肺复苏训练用人体模型。

2）高压安全防护用品套件。

（2）安全注意事项

1）任务实施场地明亮整洁、通风良好。

2）禁止携带钥匙、手表、首饰等物品进行任务实施。

3）安全防护用品属于专用物品，严禁用于其他用途。

4）安全防护用品应设有专用的存放区域。

2. 实施内容

1）人工呼吸救护演练。

2）胸外心脏按压演练。

3）安全防护用品规范使用。

4）安全防护用品型号识读。

3. 实施记录

任务实施记录单见表2-3。

表 2-3 任务实施记录单

序号	防护用品	产品型号说明
1		
2		
3		
4		
5		

三、任务检验

1. 自检

参与实训练习的学员自我完成质量检验。

2. 互检

由完成相同实操练习项目的学员相互进行质量检验。

3. 终检

由专职质量管理人员（教师）进行专业检查。

四、教学评估

由教师依据教学目标对教学过程及结果进行价值判断。

任务二　车辆安全操作

情境导入

赵经理开着前几年买的燃油车到某品牌的新能源汽车4S店进行车辆置换。

赵经理：新能源汽车的驾驶方法和传统的燃油车一样吗？

销售李：新能源汽车设有高压部件，在使用之前应仔细阅读车主使用手册。请注意车辆上面的安全标识，为了避免人身伤害，严禁非专业人员接触高压电缆及插头（橙色部分）。如果车辆出现故障，请立即联系售后服务人员，严禁私自拆卸维修，否则可能会发生触电危险。

学习目标

1. 了解并识别电动汽车上的安全警示标识。
2. 掌握电动汽车控制开关操作方法。

一、相关知识

1. 高压警告

新能源汽车的高压部件外壳上都有非常醒目的警示标志，如图2-3所示。严禁随意触摸带有高压警示标志的部件，或撕毁高压警示标志。

图 2-3 高压警示标志

2. 涉水安全

电动汽车能涉水多深？在这么高的电压下如果涉水行驶，不小心会不会电死人？有这种恐慌心理是因为很多人对电不熟悉。实际上电比油容易控制，也更安全，这也是电在现代得以大规模应用的原因。电动汽车涉水对人来说是安全的，人体电阻远高于车体和水的电阻，而电流走最小电阻路径。车体和水是电的良导体，因此即使有电流穿过车身，人也相当于站在一个等势体上，发生触电的可能性很小。动力蓄电池如果因漏水发生短路，会迅速放电而失去电压，从而不再形成危害，但动力蓄电池会报废，同时车辆上也加装了动力蓄电池紧急开关和 BMS 漏电保护装置。

涉水时应注意以下事项：

1）汽车涉水行驶前，必须仔细查看水深、流速和水底情况，以及进、出水域的宽窄和道路情况，由此来判断能否安全地通过。一般来讲，水位达到轮胎 1/2 的位置时，涉水行驶就有一定危险。

2）在确认汽车能够通过时，一般应选择距离最短、水位最浅、水流缓慢及水底最坚实的路段。涉水时，应保持电机运转正常，转向和制动系统灵敏可靠。

3）行驶中要使汽车有足够而稳定的动力，一次通过，尽量避免中途停车或急转弯，尤其是水底路为泥沙时更要注意。行进中要看远顾近，避免使车辆偏离正常的涉水路线而发生意外。

4）车辆涉水后，应停车检查各部位有无浸水、散热器有无漂流物堵塞、轮胎有无损坏、底盘下面有无物体缠绕等，如有杂物应及时将车辆清理干净。出水后先等一会，再低速行驶一段路程，并有意识地轻踩几次制动踏板，让制动衬片与制动盘接触摩擦产生热能，以烘干和蒸发掉制动器中残留的水分，确保制动性能良好。确认技术状况良好后，再正常行驶。

5）遇雨雪天气，路面湿滑时，驾驶人要使车辆保持平稳，放慢速度，小心驾驶。

6）小雨时应使用刮水器。大雨或暴雨时要尽量避免使用新能源车辆。

3. 车辆行驶

（1）起动开关

起动开关位于转向柱右侧，如图 2-4 所示。智能无钥匙

图 2-4 起动开关

按键与传统钥匙起动车型的起动开关档位一致，当智能钥匙在车内时，通过操作"起动 / 停止"按键可以选择 "LOCK" "ACC" "ON" "START" 来起动和停止车辆。

在车辆行驶时不要拔出起动钥匙，这将会导致转向锁啮合，使车辆不能转向进而诱发安全事故。起动开关操作说明见表 2-4。

表 2-4　起动开关操作说明

序号	开关位置	功能描述
1	0-LOCK	拔下起动钥匙，车辆熄火，转向盘锁止
2	1-ACC	转向解锁，大多数用电器不能工作
3	2-ON	所有仪表、警告灯和电路可以工作
4	3-START	钥匙位于 ON 位，变速器档位在 N 位，整车即可以显示 "READY（或 OK 状态）"，此时才可以踩下制动踏板换档行车

（2）换档操作

档位旋钮位于车辆中间位置的电子换档面板上，如图 2-5 所示。车辆静止时，驾驶人进行换档操作必须同时踩下制动踏板才能换档成功。如果驾驶人换档时未踩下制动踏板，仪表显示当前换档旋钮的档位并进行闪烁，此时驾驶人需要换至 N 位，重新进行换档操作。

整车上电后电子换档面板上的背景灯点亮，在换档前应先踩下制动踏板，否则档位选择无效。档位操作说明见表 2-5(以北汽 EV200 为例)。

图 2-5　北汽 EV200 电动汽车档位旋钮

表 2-5　EV200 档位操作说明

档位选择	操作说明
选择 D 位	换档前先踩下制动踏板，否则档位选择无效。将换档旋钮旋至 D 位，此时字母 D 显示为冰蓝色，其余未选中档位字母显示为白色
选择 R 位	在选择倒档前确保车辆处于静止状态，然后踩下制动踏板，将旋钮旋至 R 位，此时字母 R 显示为冰蓝色，其余未选中档位字母显示为白色
前进档经济模式 E 位	换档前先踩下制动踏板，否则档位选择无效。将旋钮旋至 E 位，此时字母 E 显示为冰蓝色，其余未选中档位字母显示为白色
选择 N 位	在选择空档前，确保车辆处于静止状态
辅助按键 E+	位于换档旋钮左侧，其功能只有在 E 位有效；E+ 表示再生能量回收强度增加，最大为 3 档
辅助按键 E-	E- 表示再生能量回收强度减小，最小为 1

（3）驾驶注意事项

1）在驾驶过程中，请勿将手放置在换档旋钮上。

2）起动车辆前，应确认换档旋钮处于 N 位。

3）在车辆运行过程中请勿换档。

4）电动汽车起步较猛，加速踏板一定要轻踩。

二、任务实施

1.实施准备

（1）实训物品准备

1）电动汽车整车。

2）车辆防护用品三件套。

3）高压安全用电警示牌。

4）警示隔离带。

5）车辆举升机。

（2）安全注意事项

1）任务实施场地拉设警示隔离带。

2）在前机舱内放置高压安全用电警示牌。

3）严禁用手直接触摸动力电缆及高压部件（橙色部分）。

4）举升车辆时必须规范操作举升机。

5）实训车辆禁止上路行驶，换档操作在举升机上完成。

6）无须功能操作时，必须断开低压蓄电池负极连接线，高压上电前必须告知所有参训人员，并在车辆上放置高压危险警示牌。

2.实施内容

1）电动汽车警示标志部件查找。

2）电动汽车起动行驶功能操作。

3.实施记录

任务实施记录单见表2-6。

表2-6 任务实施记录单

序号	粘贴高压警示标志的零部件
1	
2	
3	
4	
5	
6	
7	
8	
9	

三、任务检验

1.自检

参与实训练习的学员自我完成质量检验。

2. 互检

由完成相同实操练习项目的学员相互进行质量检验。

3. 终检

由专职质量管理人员（教师）进行专业检查。

四、教学评估

由教师依据教学目标对教学过程及结果进行价值判断。

任务三　仪表信息识读

情境导入

小刘到新能源电动汽车 4S 店选购新车。

刘先生：电动汽车仪表上这么多的图形符号都代表什么意思呢？

技师王：汽车的仪表主要用来为驾驶人提供所需的汽车运行参数信息，在仪表板上有各种指示表、指示灯及警告灯，辅助驾驶人观察和了解车辆及各系统的实时工作情况，并及时提示异常现象和故障，以便及时消除安全隐患。

学习目标

1. 了解行车电脑显示屏信息。
2. 了解仪表图形符号含义。
3. 了解仪表声音警告信息。

一、相关知识

1. 仪表符号说明

汽车仪表是人与汽车的交互界面，为驾驶人提供所需的车辆运行参数、故障、里程等信息，是汽车必不可少的部件，仪表显示的内容可以直观地告诉驾驶人车辆当前的运行状况。新能源汽车仪表和传统燃油车的仪表作用是一样的，但是其显示的内容却有着很大的区别，以北汽新能源 EV200 为例，新能源汽车的仪表显示内容如图 2-6 所示。

图 2-6 仪表显示内容

新能源汽车仪表符号说明见表 2-7。

表 2-7 仪表符号说明

序号	功能说明	序号	功能说明
1	驱动电机功率表	15	EPS 故障指示灯
2	前雾灯	16	安全带未系指示灯
3	示廓灯	17	制动故障指示灯
4	安全气囊指示灯	18	防盗指示灯
5	ABS 指示灯	19	充电线连接指示灯
6	后雾灯	20	驻车制动指示灯
7	远光灯	21	车门未关指示灯
8	跛行指示灯	22	车速表
9	低压蓄电池故障指示灯	23、25	左 / 右转向指示灯
10	电机及控制器过热指示灯	24	READY（准备）指示灯
11	动力蓄电池故障指示灯	26	REMOTE（远程）指示灯
12	动力蓄电池断开指示灯	27	室外温度显示
13	系统故障指示灯	A	行车电脑显示屏调节按钮
14	充电指示灯	B	行车电脑显示屏调节按钮

2. 仪表按钮说明

仪表下端有两个按钮，从左至右分别称为按钮 A 和 B，其功能见表 2-8。

3. 声音报警说明

新能源汽车仪表除了显示图文信息之外，通常还具有声音报警功能，见表 2-9。

表 2-8　按钮 A 和 B 功能

	当前显示模式	开关按住时间	开关放开后显示模式
按钮 A	平均电耗	$t<2s$	保养里程
	保养里程	$t<2s$	平均电耗
		$t>10s$	保养里程复位至 10000km
按钮 B	车速	$t<2s$	数字电压值
	数字电压值	$t<2s$	数字电流值
	数字电流值	$t<2s$	数字转速值
	数字转速值	$t<2s$	瞬时电耗
	瞬时电耗	$t<2s$	车速
	任意模式	$t>3s$	小计清零
	充电模式	$t<2s$	车辆充电信息

表 2-9　声音报警说明

序号	功能	报警条件
1	通信故障	报警仪表与总线失去联系时，持续鸣叫
2	充电已满	当电量达到 100% 时且无充电故障，连续鸣叫 10s
3	声音一	车辆有一级严重故障时，持续鸣叫
4	声音二	车辆有二级故障时，持续鸣叫 20s
5	声音三	车辆有三级故障时，鸣叫一声
6	READY 提示音	收到"READY"指示灯有效信号时，蜂鸣器简短鸣叫一声
7	R 位有效提示音	蜂鸣器简短鸣叫一声
8	充电故障报警	充电发生故障时，连续鸣叫 10s
9	充电提醒指示	电量低于 30% 时，充电提醒指示灯点亮，鸣叫一声

二、任务实施

1. 实施准备

（1）实训物品准备

1）新能源汽车整车。

2）车辆防护用品三件套。

3）高压安全用电警示牌。

4）警示隔离带。

（2）安全注意事项

1）任务实施场地拉设警示隔离带。

2）车辆停放平稳，前后禁止站人。

3）在前机舱内放置高压安全用电警示牌。

4）严禁用手直接触摸动力电缆（橙色部分）。

5）车辆在静止状态完成此实训任务，禁止随意开动车辆上路行驶。

2. 实施内容

新能源汽车仪表常见警告灯识读。

3. 实施记录

任务实施记录单见表 2-10。

表 2-10　任务实施记录单

序号	符号	名称	点亮条件
1			
2			
3			
4			
5			
6			
7			
8			
9			
10			

（续）

序号	符号	名称	点亮条件
11			
12			
13			
14			
15			

三、任务检验

1. 自检

参与实训练习的学员自我完成质量检验。

2. 互检

由完成相同实操练习项目的学员相互进行质量检验。

3. 终检

由专职质量管理人员（教师）进行专业检查。

四、教学评估

由教师依据教学目标对教学过程及结果进行价值判断。

任务四 车辆充电操作

情境导入

小张开着朋友的电动汽车在行驶途中仪表显示电量过低，需要进行充电。

张先生： 给新能源汽车充电与给传统汽车加油有啥区别呢？

技师王： 新能源汽车是一种采用电能作为动力源的新型交通工具，当动力蓄电池剩余电量不足时需要对其进行充电。常用的充电方式有慢充、快充、换电。

学习目标

1. 能够完成新能源汽车的充电操作。
2. 了解新能源汽车充电界面的信息。

一、相关知识

1. 充电装置分类

动力蓄电池充电设备是电动汽车子系统之一，它的功能是将电网的电能转化为车载动力蓄电池的电能。电动汽车充电装置总体上可分为车载充电装置和非车载充电装置两种。

车载充电装置是指安装在电动汽车上，采用地面交流电网对动力蓄电池组进行充电的装置。非车载充电装置即地面充电装置，也就是通常所说的充电桩，它可以满足多种电动汽车的充电需求。

（1）便携充电

便携充电是指使用随车附带的便携充电线连接到普通家用插座上进行充电，如图 2-7 所示。这是一种非常方便的充电方式，只要能找到普通家用插座就可以充电，但是充电速度比较慢，我们称之为慢充。通常新能源汽车的便携充电插头为 16A，有些车型会配备 10A 的转换接头。

一般来说，普通家用插座的电压为 220V，电流为 10A，便携充电装置理论上功率为 2.2kW，而在实际使用中充电功率一般来说只有 1.5kW。也就是说，使用便携充电装置为一辆北汽新能源 EV200 纯电动汽车（续驶里程 200km，电池

图 2-7 奇瑞 eQ 电动汽车便携充电装置

容量 30.4kW·h）充满电需要 20h；为一辆比亚迪 e6 纯电动汽车（续驶里程 300km，电池容量 57kW·h）充满电需要近 40h。便携充电装置只是作为其他充电方式的一种补充，方便用户随时对车辆进行补电。

（2）家用充电桩

家用充电桩是最常见的一种充电装置。一般私人用户购买电动汽车都会附赠一个家用充电桩。当然，只有充电桩是不够的，还需要有车位并且物业同意安装才行。

在充电速度方面，由于每个厂商提供的充电桩规格都不一样，所以充电速度也不尽相同。宝马 i3 所配备的充电墙盒功率为 7.4kW；启辰晨风有 2 种家用充电桩，低配版的是 3.6kW，高配版的则是 6.6kW；腾势同样提供 2 种家用充电桩可供使用，功率分别为 10kW 和 20kW。不同型号的家用充电桩虽然输出功率有差异，但是都能保证一晚上将动力蓄电池充满，基本可以满足普通用户的用车需求。

（3）公共充电桩

家用充电桩虽然不错，但还有很多用户由于没有固定车位或居住的小区无法安装家用充电桩，使用公共充电桩就成了唯一的选择。公共充电桩一般分为快充和慢充两种，前者使用直流对车辆充电，后者使用交流对车辆充电。

公共充电桩通常由国家电网、南方电网这类电力企业建设并维护经营。今后，随着电动汽车产业的成熟，将会有不少民营资本进入这一领域。

2. 车辆充电操作

（1）北汽新能源汽车充电操作

以北汽新能源汽车为例，充电系统的快充电和慢充电插孔分别位于车辆前格栅标志和车身左后方处，如图 2-8 所示。快充电插孔盖板开启时，直接摁住车辆前格栅标志右侧内平面即可开启；慢充电插孔盖板开启手柄位于驾驶人座椅左下方。

图 2-8 慢充电插孔（左）与快充电插孔（右）

新能源汽车动力蓄电池充电时宜采用慢充（即车载充电）方式，电动汽车慢充系统是通过车载充电机完成动力蓄电池的充电工作，如图 2-9 所示。

车载充电机是采用高频开关电源技术，主要功能是将交流 220V 的市电转换为高压直流电给动力蓄电池进行充电，保证车辆正常行驶。车载充电机由动力蓄电池管理系统（BMS）智能控制充电，无须人工看守。动力蓄电池管理系统随时监测电池的工作状态，当电池电芯的温度在 0~55℃时才可以进行充电。车载充电机外表面设有相应的指示灯，可以根据指示灯的亮灭情况判断充电机的工作状态。

POWER：电源指示灯，当接通交流电后，电源指示灯亮起。

RUN：工作指示灯，当充电机接通动力蓄电池进入充电状态后，充电指示灯亮起。

图 2-9 车载充电机

FAULT：警告指示灯，当充电机内部有故障或错误操作时亮起。

车辆进入充电状态后，组合仪表的行车电脑显示屏自动点亮，显示当前充电信息，10s 后屏幕熄灭。

1）充电桩充电操作流程：

① 车辆停放平稳，关闭点火开关并取下车钥匙，拉紧驻车制动器。

② 打开慢充或快充电插孔盖板。

③ 检查充电枪有无破损现象，然后连接充电枪。

④ 刷卡选择充电模式，观察仪表充电界面显示内容是否正常。

⑤ 充电完成后，先刷卡结算电费，然后取下充电枪。

2）充电状态说明：

① 仪表充电信息。图示中 ☀ 点亮表示动力蓄电池正在进行加热，此时动力蓄电池外围会出现一层红色光晕。充电电流显示负值时，表示动力蓄电池正在充电，显示正值时，表示动力蓄电池正在放电。以北汽 EV200 为例，如图 2-10 所示。

图 2-10 仪表充电信息

1—充电故障指示灯 2、5—动力蓄电池正在加热 3—电量指示 4—续驶里程

② 充电已满。动力蓄电池电量充满后，行车电脑显示屏自动点亮，蜂鸣器鸣叫，提示电量已经充满，10s 后屏幕熄灭。以北汽 EV200 为例，如图 2-11 所示。

图 2-11 充电已满

③ 充电故障。充电过程中车辆出现故障，行车电脑显示屏自动点亮，充电故障指示灯点亮，蜂鸣器鸣叫，提示灯 10s 后熄灭。此时应立刻联系 4S 店专业维修人员，切勿擅自对车辆进行拆卸。

（2）特斯拉充电操作

特斯拉充电插孔位于驾驶人侧后尾灯侧面，如图 2-12 所示。可以通过车内触摸屏或充电接头上面按钮打开充电插孔盖板。充电口的打开有三种方式：操作中控大屏；长按遥控钥匙的尾部；如果是在特斯拉超级充电站，拿着充电枪靠近充电口，按一下充电枪上的按键，车身上的充电口也会自动打开。

图 2-12　特斯拉充电插孔

特斯拉充电主要采用移动通用插头、高功率壁挂插头和直流快充三种方式。移动通用插头适用于家庭电源，可以随时随地进行车辆补充充电，如图 2-13 所示。

高功率壁挂充电插头最大输入电压为交流 240V，最大功率 20kW，最大充电电流为 80A，配备双充电器的可以每小时充电续驶 90km，如图 2-14 所示。

图 2-13　特斯拉移动通用插头

图 2-14　特斯拉高功率壁挂充电插头

特斯拉电动汽车在车辆的充电插孔上设有充电指示灯，不同的颜色表示不同的充电状态。见表 2-11。

按照厂家要求，对车辆进行充电时必须关闭点火开关，但通常仪表会自动转换到当前充电信息显示界面，不同的车型仪表显示充电信息的内容和时长也各不相同。以特斯拉电动汽车为例，仪表显示的当前充电信息有充电率、充电后的增加里程、车辆可续驶里程、充电时间、充电电压以及充电电流等内容，如图 2-15 所示。

表 2-11　特斯拉充电状态说明

序号	充电指示灯	充电状态说明
1		白色，说明按下充电接口已准备就绪，但是还没有充电
2		蓝色，说明已接收到充电信号，充电接口锁止
3		绿色，闪烁表示正在充电，不闪烁表示充电完成
4		黄色闪烁，表示充电电流减小，通常是由于充电插头没有锁住
5		红色，说明充电系统有故障，无法进行充电，应立即检修

充电率 每小时

充电后的增加里程

充电电流/最大充电电流

62 mi/hr
+46 m

275 mi
max range

42 /70 A
220 V

15 mins remaining

本次充电后增加的里程　　　到充满还需的时间　充电量　　　　充电电压

图 2-15　特斯拉充电信息仪表显示

二、任务实施

1. 实施准备

（1）实训物品准备

1）新能源汽车整车。

2）车辆防护用品三件套。

3）高压安全用电警示牌。

4）家用充电桩。

5）警示隔离带。

（2）安全注意事项

1）任务实施场地拉设警示隔离带。

2）充电时关闭点火开关，车内严禁有人，将车门落锁。

3）车辆充电过程中禁止插拔充电枪。

4）充电操作时必须保持皮肤干燥。

5）雷雨天气时禁止在室外进行充电，室内也需尽量避免充电操作。

2. 实施内容

1）电动汽车充电操作。

2）车辆充电信息识读。

3. 实施记录

任务实施记录单见表 2-12。

3、慢充安全操作

表 2-12　任务实施记录单

序号	充电状态	内容说明		
1	充电机指示灯			
2	充电桩显示屏	充电电流：	充电时间：	充电费用：
3	仪表充电显示	充电电流：	充电电压：	续驶里程：

三、任务检验

1. 自检
参与实训练习的学员自我完成质量检验。

2. 互检
由完成相同实操练习项目的学员相互进行质量检验。

3. 终检
由专职质量管理人员（教师）进行专业检查。

四、教学评估

由教师依据教学目标对教学过程及结果进行价值判断。

复 习 题

一、填空题

1. 根据_____可知，流经人体电流的大小与外加电压、人体电阻有关。

2. 能够引起人体感觉到的最小电流值称为_____。

3. _____是触电者心脏停止跳动后使心脏恢复跳动的急救方法，是每一个电气工作人员应该掌握的救护技能。

4. _____是发现设备缺陷，及时消除事故隐患的重要措施。

5. 绝缘帽是指具备电绝缘性能要求的安全帽，通常在帽子上会有_____的字母标记。

6. 绝缘手套又叫高压绝缘手套，是用天然橡胶制成，主要用于电工作业。在维修新能源汽车时，通常要求所使用的绝缘手套绝缘等级在_____以上。

二、选择题

1. 操作电工在全部停电或部分停电的电气设备上工作前，必须做到（   ）和装设防护遮栏等方面的工作，然后再进行实际作业。

A. 停电　　　　　　B. 验电　　　　　　C. 装设接地线　　　D. 悬挂安全警示牌

2. 护目镜也叫安全防护眼镜，其种类很多，常见的护目镜有（   ）等类型。

A. 防尘眼镜　　　　B. 防冲击眼镜　　　C. 防化学眼镜　　　D. 防光辐射眼镜

3. 绝缘手套在使用前必须进行（   ），发现有任何破损则不能使用。

A. 充气检验　　　　B. 大小型号选择　　C. 清洗　　　　　　D. 防尘处理

4. 新能源汽车的高压部件外壳上都有非常醒目的（   ）。

A. 标签　　　　　　B. 零部件名称　　　C. 工作电压　　　　D. 高压电警示标志

5. 新能源汽车在车辆上电正常时，在组合仪表上通常会有（　　　）显示。

A. READY　　　　　　B. OK　　　　　　C. 空档状态　　　　D. 行车状态

6. 电动汽车的充电装置总体上可分为（　　　）两种。

A. 车载充电装置　　　　　　　　　　B. 非车载充电装置

C. 低压充电　　　　　　　　　　　　D. 高压充电

三、判断题

1. 在大力推广电动汽车的同时，如何保证驾驶人员、乘车人员以及汽车维修人员的人身安全，更是值得我们特别关注的话题。　　　　　　　　　　　　　　　　　　　　（　　　）

2. 通常流经人体电流的大小是无法事先计算出来的。　　　　　　　　　　　　（　　　）

3. 当人体电阻一定时，人体接触的电压越高，通过人体的电流就越大，对人体的损害也就越严重。　　　　　　　　　　　　　　　　　　　　　　　　　　　　　　　　（　　　）

4. 电力行业规定，安全电压为不高于 36V，持续接触安全电压为 24V，安全电流为 10mA。
　　　　　　　　　　　　　　　　　　　　　　　　　　　　　　　　　　　（　　　）

5. 在做人工呼吸之前，首先要检查触电者口腔内有无异物，呼吸道是否堵塞，特别要注意清理咽喉部分有无痰堵塞；其次，要解开触电者身上妨碍呼吸的衣裤，且维持好现场秩序。
　　　　　　　　　　　　　　　　　　　　　　　　　　　　　　　　　　　（　　　）

6. 电气设备的金属外壳可采用保护接零或保护接地等安全措施，但绝不允许在同一电力系统中一部分设备采取保护接零，另一部分设备采取保护接地。　　　　　　　　　　（　　　）

动力蓄电池与管理系统

任务一　动力蓄电池基础知识

情境导入

某品牌动力蓄电池制造商在给新入职的员工进行技术培训。

张同学：新能源汽车上装配的动力蓄电池都一样吗？

王老师：新能源汽车的关键技术之一就是动力蓄电池，动力蓄电池的好坏一方面决定着电动汽车的制造成本；另一方面也决定着电动汽车的动力性和续驶里程。不同品牌、不同用途、不同价位的新能源汽车上所采用的动力蓄电池也各不相同。

学习目标

1. 了解动力蓄电池分类与原理。
2. 了解动力蓄电池的型号及其含义。
3. 熟悉新能源汽车动力蓄电池的常用术语。

一、相关知识

动力蓄电池通常简称电池，是将化学能转化成电能的一种装置。电池内部的电化学特性决定了该电池是否可以充电。可充电电池内部结构之间所发生的化学反应是可逆的，也叫二次电池，新能源汽车上的动力蓄电池均为二次电池。一次电池只能作为一次放电使用，例如日常生活中使用的干电池，内部结构简单且不支持这种变化。

1. 镍氢电池

斯坦福·沃弗辛斯基是美国著名科学家、发明家，被誉为"太阳能光伏之父"，毕生拥有近400项专利，在他50年的工作生涯中，最著名的发明包括薄膜光电、太阳能电池板、光电制造器、镍氢电池和能够在汽车中安全储氢的固体氢燃料储存技术等。

在斯坦福所有的发明中，最优秀的是镍氢反应电池。这是一款可用来为混合动力汽车（HEV）充电的便携电池，同时它也非常环保。镍氢电池现在主要应用于混合动力汽车，2011年在HEV市场占56%，零售市场（包括遥控车、玩具、家用电器、数码摄像机）占24%，无绳电话占11%，其他市场为9%。镍氢电池主要由中国和日本企业生产，占全球产量的95%以上。

镍氢电池的诞生应该归功于储氢合金的发现。早在20世纪60年代末，人们就发现了一种新型功能材料——储氢合金，储氢合金在一定的温度和压力条件下可吸放大量的氢，因此被人们形象地称为"吸氢海绵"。其中有些储氢合金可以在强碱性电解质溶液中，反复充放电并长期稳定存在，从而为我们提供了一种新型负极材料，并在此基础上发明了镍氢电池。镍氢电池是20世纪90年代发展起来的一种新型绿色电池，具有高能量、长寿命、无污染等特点，因而成为世界各国竞相发展的高科技产品之一。

储氢合金的主要来源是稀土，中国的稀土资源占世界总储量的70%以上，发展镍氢电池具有得天独厚的优势，因此中国镍氢电池的研制与开发，受到国家863计划的大力支持，被列为"重中之重"的项目。在863计划的支持下，科研人员攻克了储氢合金制备等关键技术，取得了一大批创新性成果。

（1）镍氢电池结构

镍氢电池由氢离子和金属镍合成，电量储备比镍镉电池多30%，密度比镍镉电池小，使用寿命也更长，并且对环境无污染。镍氢电池的缺点是价格比镍镉电池要贵很多，性能比锂电池要差一些。

镍氢电池中的金属部分实际上是金属氢化物，用在镍氢电池的制造上，它们主要分为两大类。最常见的一类是AB5，A是稀土元素的混合物或者再加上钛Ti，B则是镍（Ni）、钴（Co）、锰（Mn），或者还有铝（Al）。另一类高容量电池含多种成分的电极主要由AB2构成，A则是钛（Ti）或钒（V），B则是锆（Zr）或镍（Ni），再加上一些铬（Cr）、钴（Co）、铁（Fe）和锰（Mn）。所有这些化合物扮演的都是相同的角色，可形成金属氢化物。镍氢电池结构如图3-1所示。

（2）镍氢电池工作原理

镍氢电池是一种碱性电池，负极采用由储氢材料作为活性物质的氢化物电极，正极采用氢氧化镍即镍电极，电解质为氢氧化钾溶液。电池充电时氢氧化钾电解液中的氢离子会被释放出来，由这些化合物将它吸收，避免形成氢气，以保持电池内部的压力和体积。当电池放电时，这些氢离子便会经由相反的过程而回到原来的地方。

镍镉/镍氢电池的充电过程非常相似，都要求恒流充电，以防止电池过充电。充电器对电池进行恒流充电，同时检测电池的电压和其他参数。为避免损坏电池，电池温度过低时不可快速充电，当电池温度低于10℃时，应转入涓流充电方式。当电池温度达到规定数值后，必须立即停止充电。

（3）镍氢电池型号

通常在电池体上看到的AAA、AA、C、D、N、F、SC等字母都是美规型号标识。在我国除了几种电池按号称呼之外，其他还是采用美国的命名方式。针对二次锂电池的型号表示方法是采用五位数（圆柱形）或六位数（方形），如14500、103450等。常见电池型号、尺寸对照见表3-1。

图 3-1 镍氢电池结构

表 3-1　常见电池型号、尺寸对照

序号	美国型号	中国型号	尺寸（平头）
1	AAAA	AAAA	高度（41.5±0.5）mm，直径（8.1±0.2）mm
2	AAA	7号	高度（43.6±0.5）mm，直径（10.1±0.2）mm
3	AA	5号	高度（48.0±0.5）mm，直径（14.1±0.2）mm
4	A	A	高度（49.0±0.5）mm，直径（16.8±0.2）mm
5	SC	SC	高度（42.0±0.5）mm，直径（22.1±0.2）mm
6	C	2号	高度（49.5±0.5）mm，直径（25.3±0.2）mm
7	D	1号	高度（59.0±0.5）mm，直径（32.3±0.2）mm
8	N	N	高度（28.5±0.5）mm，直径（11.7±0.2）mm
9	F	F	高度（89.0±0.5）mm，直径（32.3±0.2）mm

平头电池的正极是平的，没有突起，主要适用于做电池组点焊使用的电池芯。一般同等型号尖头的电池（可以用作单体电池供电的）在高度上就多了 0.5mm，以此类推。有的电池在 AAA、AA、A、SC、C、D、N、F 这些主型号前面还有分数 1/3、2/3、1/2、3/2、4/5、5/4、7/5，这些分数表示的是电池体与标准型号相对应的高度。例如 2/3AA 就是表示高度是一般 AA 电池的 2/3，4/5A 就是表示高度是一般 A 电池的 4/5。

（4）IEC 镍氢 / 镍镉电池标识

根据 IEC（国际电工委员会）标准规定，镍镉和镍氢电池标志由 5 部分组成。

1）电池类型：

① KR——表示镍镉电池；

② HF——表示方形镍氢电池；

③ HR——表示圆形镍氢电池。

2）电池尺寸：圆形电池直径 / 高度，方形电池宽度 / 厚度 / 高度，数值之间用斜杠隔开，单位为 mm。

3）放电特性符号：

① L——表示适宜放电电流倍率为 0.5C 以内；

② M——表示适宜放电电流倍率为 0.5~3.5C；

③ H——表示适宜放电电流倍率为 3.5~7.0C；

④ X——表示电池能在 7~15C 高倍率的放电电流下工作。

4）高温电池符号用 T 表示。

5）电池连接片表示：

① CF——表示无连接片；

② HH——表示电池带串联连接片；

③ HB——表示电池带并联连接片。

例如：HF18/07/49——表示方形镍氢电池、宽度为 18mm、厚度为 7mm、高度为 49mm；KRMT33/62HH——表示镍镉电池、放电电流倍率为 0.5~3.5C、高温系列单体电池、带串联连接片、直径为 33mm、高度为 62mm。

（5）BYD 镍氢 / 镍铬电池标志

BYD 镍氢 / 镍铬电池标志通常也由 5 部分组成。

1）电池类型：

① D——表示镍铬电池；

② H——表示镍氢电池。

2）电池型号分别为 A、AA、AAA、AAAA、SC、C、D、N 等多种型号。

3）电池标称容量。

4）电池特性：

① A——表示尖头电池；

② B——表示平头电池；

③ H——表示高温电池；

④ P——表示可用于大电流放电。

5）代表组合电池的单体个数。

例如：D AA 800 H×5，H SC 2200 P×3，D AA 800 B×3。

（6）镍氢电池应用特性

大功率镍氢电池广泛用于油电混合动力汽车，最具代表性的例子就是丰田 Prius，该车使用了特别的充放电程序，使电池充放电寿命可足够车辆使用 10 年。虽然密度比锂离子电池低，但由于对安全保护、温度控制等要求更低，因此仍然有部分纯电动汽车使用镍氢电池。

就单体电池电压来看，镍氢与镍镉电池的标称电压都是 1.2V，镍氢电池应用特性见表 3-2。

表 3-2　镍氢电池应用特性

序号	应用特性
1	质量比功率高。目前商业化的镍氢功率型电池能达到 1350W·h/kg
2	循环次数多。目前应用在电动汽车上的镍氢动力蓄电池，80% 放电深度（DOD）循环可达 1000 次，为铅酸电池的 3 倍以上。100%DOD 循环寿命也在 500 次以上，在混合动力汽车中可使用 5 年以上
3	无污染，不含铅、镉等对人体有害的金属，为 21 世纪绿色环保电源
4	耐过充过放，无记忆效应
5	使用温度范围宽，正常使用温度范围为 −30~55℃，贮存温度范围为 −40~70℃
6	安全、可靠，在短路、挤压、针刺、安全阀工作能力、跌落、加热、耐振动等安全性和可靠性试验中无爆炸、燃烧现象

2. 锂离子电池

（1）锂离子电池结构

锂离子电池主要由电芯和保护板两大模块组成。电芯相当于锂电池的心脏，管理系统相当于锂电池的大脑。电芯主要由正极材料、负极材料、电解液、隔膜和外壳组成。保护板主要由保护芯片或管理芯片、MOS 场效应管、电阻、电容和印制电路板等元件组成。

锂离子电池的封装形式主要有圆柱形、方形和软包。

圆柱形锂离子电池分为磷酸铁锂、钴酸锂、锰酸锂、钴锰混合、三元材料不同体系，外壳分为钢壳和聚合物两种。不同材料体系电池有不同的优点，目前，圆柱主要以钢壳圆柱磷酸铁锂电池和三元材料为主，常见型号有 14650、17490、18650、21700、26650 等。

① 圆柱形锂离子电池结构包括正极盖、安全阀、PTC 元件、电流切断机构、垫圈、正极、负极、隔膜、壳体，内部采用螺旋绕制结构，用一种非常精细而渗透性很强的聚乙烯、聚丙烯或聚乙烯与聚丙烯复合的薄膜隔离材料在正、负极间间隔而成，如图 3-2 所示。

图 3-2　圆柱形锂离子电池结构

② 方形锂离子电池通常是指铝壳或钢壳方形电池，内部主要采用叠片形式，即在一正极上放置隔膜然后是负极，以此类推，叠加而成。电池内部充有电解质溶液，另外还设有安全阀和 PTC 元件（正温度系数热敏电阻），以便在电池不正常状态或输出端短路时保护电池不受损坏，如图 3-3 所示。

图 3-3　方形锂离子电池结构

③ 软包锂离子电池（图 3-4）是液态锂离子电池套上一层聚合物外壳，与其他电池最大的不同之处在于软包装材料（铝塑复合膜），这也是软包锂离子电池中最关键、技术难度最高的材料。软包装材料通常分为三层，即外阻层（一般为尼龙 BOPA 或 PET 构成的外层保护层）、阻透层（中间层铝箔）和内层（多功能高阻隔层）。三元软包锂离子电池容量比同等尺寸规格的钢

壳锂电池高 10%~15%，比铝壳电池高 5%~10%，而重量却比同等容量规格的钢壳电池和铝壳电池更轻，因此补贴新政对三元软包锂离子电池更有利。

图 3-4　软包锂离子电池结构

锂离子电池正极应用材料和制作工艺不同，其性能参数也存在一定的差异。锂离子电池性能参数对比见表 3-3。其中，钴酸锂电池由于稳定性较差，价格较高，很少用作动力蓄电池。

表 3-3　锂离子电池性能参数对比

序号	性能参数	钴酸锂	三元锂	锰酸锂	磷酸铁锂
1	电压平台	3.7V	3.7V	3.8V	3.2V
2	最高电压	4.2V	4.2V	4.2V	3.7V
3	最低电压	2.6V	3.0V	2.5V	2.65V
4	循环寿命	>300 次	>800 次	>500 次	>2000 次
5	环保性能	含钴	含钴、镍	无毒	无毒
6	安全性能	差	较好	良好	优秀
7	适用领域	小电池	小电池、小型动力蓄电池	动力蓄电池	动力蓄电池、超大容量电源

（2）锂离子电池工作原理

充电时锂离子从正极材料中脱出，通过隔膜经电解质溶液向负极迁移，同时电子在外电路从正极流向负极，锂离子在负极得到电子后被还原成金属锂，嵌入负极晶格中。放电时负极的锂会失去电子成为锂离子，通过隔膜经电解质溶液向正极迁移并进入正极材料中存储。正负极间不仅有锂离子在迁移，为保持电荷平衡，相同数量的电子经外电路也在正负两极之间传递，使正负极发生氧化还原反应，并保持一定电位。锂离子蓄电池就是因为锂离子在充放电时来回迁移而命名的，又被称作摇椅电池。

（3）锂离子电池型号

不同的锂电池厂家有不同的命名规则，但通用型电池厂家都遵循统一的标准，根据电池名称就可以知道电池的尺寸等信息。根据国际电工委员会规定，圆柱形和方形电池的型号规则如下：

1）圆柱形电池用3个字母后跟5个数字表示。3个字母的第一个字母表示负极材料，I——表示有内置的锂离子，L——表示锂金属或锂合金电极；第二个字母表示正极材料，C——表示钴，N——表示镍，M——表示锰，V——表示钒；第三个字母为R表示圆柱形。5个数字中，前2个数字表示直径，后2个数字表示高度，单位都为mm。

2）方形电池用3个字母后跟6个数字表示。3个字母中前两个字母的意义和圆柱形一样，后一个字母为P表示为方形。6个数字中，前2个数字表示厚度，中间2个表示宽度，后面2个表示高度（长度），单位也为mm。

例如：电动道路车辆用动力蓄电池分别为方形动力蓄电池和圆柱形动力蓄电池，型号中I代表了锂离子动力蓄电池，C——表示氧化钴锂正极，N——表示氧化镍锂正极，M——表示氧化锰锂正极，P——表示方形单体电池，R——表示圆柱形单体电池。ICR 18650电池就是直径为18mm、高度为65mm的圆柱形动力蓄电池；ICP 053353电池就是厚度为5mm、宽度为33mm、高度（长度）为53mm的方形动力蓄电池。锂离子动力蓄电池实物如图3-5所示。

a) ICR 18650

b) ICP 053353

图 3-5 锂离子动力蓄电池实物

（4）锂离子电池应用特性

1）电压高。锂离子电池单体电压由于使用的正极材料不同，其额定电压也有所不同，最高可达3.8V。锂离子电池电压是镍镉、镍氢电池的3倍，约是铅酸电池的2倍，这也是锂离子动力蓄电池比能量高的一个重要原因。

组成相同电压的动力蓄电池组时，锂离子动力蓄电池使用的串联数目会大大少于铅酸电池和镍氢电池。动力蓄电池中单体电池数量越多，电池组中单体电池的一致性要求就越高，寿命就越不好控制。在实际使用过程中，电池组有故障时，一般是其中一、两个单体电池出问题，然后导致整组电池出现问题。因此不难理解为什么 48V 的铅酸电池比 36V 的铅酸电池故障反馈要高，从这个角度来讲锂电池更适合于动力蓄电池的使用。例如 36V 的锂电池组只需要 10 个单体电池即可；而 36V 铅酸电池则需要 18 个单体电池，即 3 个 12V 的电池组，而 12V 的铅酸电池又由 6 个单体电池组成。

2）能量密度大。比能量大，高达 150W·h/kg 以上，是镍氢电池的 2 倍，是铅酸电池的 4 倍，因此质量是相同能量铅酸电池的 1/3~1/4。从这个角度讲，锂电池消耗的资源就少，而且锰酸锂电池中所使用到的元素储量也比较多。体积小，能量密度高达 400W·h/L，体积是相同能量铅酸电池的 1/2~1/3，这就提供了更合理的结构和更美观的外形设计条件、设计空间。

3）寿命长。锂离子电池的循环次数可达 1000~3000 次。以容量保持在 70% 计算，电池组 100% 充放电循环次数可以达到 2000 次，使用年限可达 5~8 年，寿命为铅酸电池 2~3 倍。随着技术的革新，电池寿命会越来越长，性价比会越来越高。

4）应用范围宽。低温性能好，锂离子动力蓄电池可在 -40~55℃ 之间工作。而水溶液电池（比如铅酸电池、镍氢电池）在低温时，由于电解液流动性变差会导致性能大大降低。

5）无记忆。每次充电前不需要放电，可以随时随地进行充电。电池充放电深度对电池寿命影响不大，可以全充全放。

6）无污染。锂离子动力蓄电池中不存在有毒物质，因此被称为绿色电池，是国家重点扶持项目。而铅酸电池和镉镍电池由于存在有害物质铅和镉，国家必然会加强监管和治理，相应企业的成本也会增加。虽然锂电池没有污染，但从节约资源的角度考虑，锂离子动力蓄电池的回收、回收中的安全性以及回收成本也都需要综合考虑。

7）安全隐患。由于锂离子动力蓄电池能量高，材料稳定性较差，容易出现安全问题。

8）价格高。相同电压和相同容量的锂离子动力蓄电池价格是铅酸电池的 3~4 倍。随着锂离子动力蓄电池市场的扩大、成本的降低、性能的提高，以及铅酸电池价格的提高，锂离子动力蓄电池的性价比是有可能超过铅酸电池的。

3. 动力蓄电池技术参数

新能源汽车动力蓄电池是确保车辆能够正常工作的基础，因此动力蓄电池性能好坏显得尤其重要。国家标准针对电动汽车动力蓄电池系统建立了一系列的相关标准，范围覆盖电芯、模组、动力蓄电池包和动力蓄电池管理系统，涉及的产品类型包括混合动力汽车、插电式/增程式混合动力汽车、纯电动乘用车和商用车，基本构成了一个完整的体系。常用动力蓄电池主要技术参数如图 3-6 所示。

（1）额定电压

动力蓄电池额定电压又称标称电压，额定电压 = 单体电芯额定电压 × 单体电芯串联数。动力蓄电池实际工作电压是随着不同使用条件而不断变化的，其电压状态主要有以下 4 种：

1）开路电压。开路电压是指动力蓄电池在开路条件下的端电压。开路电压与动力蓄电池剩余能量有一定的联系，剩余电量显示利用的就是这个原理。

2）工作电压。工作电压是指动力蓄电池在工作状态下，即电路中有电流通过时，动力蓄电池正负极之间的电势差。在动力蓄电池放电工作状态下，当电流流过动力蓄电池内部时，必须克服内阻，因此工作电压总是低于开路电压。

项目	SK–30.4kW·h	PPST–25.6kW·h
零部件号	E00008302	E00008417
额定电压	332V	320V
电芯容量	91.5A·h	80A·h
额定能量	30.4kW·h	25.6kW·h
连接方式	3P91S	1P100S
电池系统供应商	BESK	PPST
电芯供应商	SKI	ATL
BMS供应商	SK innovation	E–power
总质量	291kg	295kg
总体积	240L	240L
工作电压范围	250~382V	250~365V
能量密度	104W·h/kg	86W·h/kg
体积比能量	127W·h/L	107W·h/L

图 3-6　常用动力蓄电池主要技术参数

3）放电截止电压。放电截止电压是指动力蓄电池正常放电时允许达到的最低电压。

4）充电限制电压。充电限制电压是指充电过程中由恒流变为恒压充电的电压。

（2）电芯容量

电芯容量是指动力蓄电池所能够储存的电量，是衡量电池性能的重要指标之一。动力蓄电池电芯容量＝单体电芯容量 × 单体电芯并联数量。电芯容量是由电池电极活性物质决定的，主要取决于活性物质的数量、质量以及活性物质的利用率。

电芯容量用 C 表示，单位用 A·h 或 mA·h 表示。

公式：$C = It$，即电芯容量 C（A·h）＝放电电流 I（A）× 放电时间 t（h）。

（3）额定能量

额定能量是指室温下完全充电的动力蓄电池以 1 小时率电流放电，达到放电终止电压时放出的能量（W·h）。

额定能量是汽车厂商公布的电池储备电量大小的度量单位。1kW·h 的物理意义是功率为 1kW 的电器工作 1h 所消耗的电能。

（4）连接方式

3P91S：3 并 91 串，表示由 3 个单体电池并联成一组，共有 91 组串联在一起。

1P100S：1 并 100 串，表示由 100 个单体电池串联而成。

（5）能量密度

能量密度是指从动力蓄电池的单位质量或单位体积所获取的电能，用 W·h/kg、W·h/L 来表示，也称作比能量。常见电池能量密度对比见表 3-4。

表 3-4　常见电池能量密度对比

电池类别	铅酸电池	镍镉电池	镍氢电池	锂电池
质量能量密度 /（W·h/kg）	30~50	50~60	60~70	130~150
体积能量密度 /（W·h/L）	50~80	130~150	190~200	350~400

（6）动力蓄电池内阻

动力蓄电池内阻是指动力蓄电池在工作时，电流流过动力蓄电池内部所受到的阻力，它包括欧姆内阻和极化内阻。欧姆内阻主要是由电极材料、电解液、隔膜电阻及各部分零件的接触电阻组成，与电池的尺寸、结构和装配等因素有关。

动力蓄电池内阻不是常数，在充放电过程中随时间不断变化。这是因为活性物质的组成、电解液的浓度和温度都在不断地改变。不同类型的动力蓄电池内阻不同，即便是相同类型的动力蓄电池，由于内部化学特性不一致，内阻也不一样。动力蓄电池内阻很小，一般用 mΩ 来衡量它。内阻是动力蓄电池性能的重要技术指标之一，正常情况下，内阻小的动力蓄电池大电流放电能力强，内阻大的动力蓄电池放电能力弱。

（7）荷电状态

荷电状态 SOC（Stage-Of-Charge）也叫做剩余电量，是指当前动力蓄电池中按照规定放电条件可以释放的容量占可用容量的百分比。

（8）放电倍率

放电倍率也叫做倍率放电，是指动力蓄电池以 1h 放电率电流值的倍数进行放电。

放电倍率 = 放电电流 / 额定容量。例如：额定容量为 100A·h 的动力蓄电池用 20A 放电时，其放电倍率为 0.2C。动力蓄电池放电倍率的 1C、2C、0.2C 是指电池的放电速率，表示放电快慢的一种量度。所有的容量 1h 放电完毕，称为 1C 放电；5h 放电完毕，则称为 1/5=0.2C 放电；对于 24A·h 电池来说，2C 放电电流为 48A，0.5C 放电电流为 12A。

（9）放电深度

放电深度 DOD（Depth Of Discharge）表示动力蓄电池放电状态的参数，等于实际放电容量与可用容量的百分比。二次电池的深度放电过大会导致电池的使用寿命变短，因此在使用时应尽量避免深度放电。

（10）动力蓄电池供应商

新能源汽车动力蓄电池种类繁多，供应商也各不相同。以北汽新能源纯电动乘用车配套动力蓄电池为例，其配套信息见表 3-5。

表 3-5　新能源汽车动力蓄电池配套信息

车辆型号	电池类型	电池容量 /（kW·h）	续驶里程 /km	供货商
E150EV	磷酸铁锂	25.6	150	普莱德 / 光宇
EV160	磷酸铁锂	25.6	150	普莱德
EV200	三元镍钴锰酸锂	30.4	200	爱思开
ES210	三元锂	38	210	爱思开
EU260	三元锂	41.4	260	普莱德 / 宁德时代
EX200	三元锂	30.4	200	爱思开
EX260	三元锂	38.6	260	孚能科技
EC180	三元锂	20.3	180	国轩高科

从北汽新能源相关车型的变迁来看，在北汽新能源的纯电动乘用车中，只有 2014 年早期的两款车型采用磷酸铁锂电池，自 2014 年 12 月之后推出的其余 8 款车型均采用三元电池。在目前更看重纯电动乘用车续驶里程的情况下，磷酸铁锂电池因能量密度低，体积较大，已经在乘

用车领域逐步被三元电池所取代。三元锂电池以其能量密度高，体积较小等优点成为北汽新能源纯电动乘用车的黄金搭档。同样在业界以搭载磷酸铁锂电池为代表的比亚迪，在电动乘用车方面近两年也在向三元锂电池体系靠拢。可见，在没有更好的电池技术出现之前，三元锂电池已成为当下多数车企在纯电动乘用车上的主要选择。

二、任务实施

1. 实施准备

（1）实训物品准备

1）镍氢电池单体。

2）锂离子电池单体。

（2）安全注意事项

1）禁止随意分解各种动力蓄电池。

2）任务实施场地明亮整洁、通风良好。

3）禁止携带钥匙、手表、首饰等物品进行任务实施。

4）佩戴安全防护用品，避免电解液溅入眼内或接触皮肤。

2. 实施内容

1）镍氢电池型号识别。

2）锂离子电池型号识别。

3）特斯拉动力蓄电池参数比较，见表3-6。

表 3-6　特斯拉动力蓄电池参数比较

电池型号	规格/（mm×mm）	电池单体容量/（mA·h）	电池单体质量/g	电池系统能量密度/（W·h/kg）	电池系统成本/（元/W·h）
18650					
21700					

3. 实施记录

任务实施记录单见表3-7。

表 3-7　任务实施记录单

序号	项目名称	内容说明
1	镍氢电池型号识别	
2	锂离子电池型号识别	

三、任务检验

1. 自检

参与实训练习的学员自我完成质量检验。

2. 互检

由完成相同实操练习项目的学员相互进行质量检验。

3. 终检

由专职质量管理人员（教师）进行专业检查。

四、教学评估

由教师依据教学目标对教学过程及结果进行价值判断。

任务二　动力蓄电池与管理系统认知

情境导入

赵经理开着自己的新能源汽车到4S店进行检修。

赵经理：感觉这辆车最近续驶里程下降了很多，请师傅帮忙检修一下。

技师王：新能源汽车的续驶里程是广大车主非常关心的问题。影响汽车续驶里程的主要原因除了常见的车辆行驶路况、车辆负载以外，还有动力蓄电池性能、辅助系统能量消耗、环境温度等因素。

学习目标

1. 了解动力蓄电池系统的基本结构。
2. 了解动力蓄电池管理系统的功能。
3. 能够分析动力蓄电池系统的运行数据。

一、相关知识

1. 动力蓄电池系统基本组成

在新能源汽车中，动力蓄电池与管理系统、驱动电机及控制系统、整车控制器是三个最重要的核心部件，即通常所说的"三大电"。电控空调系统、电控转向系统、电控制动系统是新能源汽车的三个主要辅助系统，即"三小电"。这6个电气系统作为新能源汽车的关键部件，对整车的动力性、经济性、可靠性和安全性起着决定性的作用。

电动汽车动力蓄电池系统主要包括动力蓄电池储能系统、动力蓄电池管理系统和动力蓄电池充电系统三大部分。动力蓄电池是新能源汽车的核心，为整车提供驱动车辆行驶的电能。动力蓄电池系统的很多零部件通常集成在一个密闭的箱体内，叫作动力蓄电池箱或动力蓄电池包，安装在车身底部的前后桥与两侧纵梁之间，北汽 EV200 动力蓄电池箱体如图 3-7 所示。将动力蓄电池安装在该位置具有较高的碰撞安全性，还可以降低车辆的重心，简化车身结构。

特斯拉主要采用的是 ICR 18650 型三元锂离子电池，这种电池曾一直用于笔记本电脑、数码相机等电子产品中。

特斯拉 Model S 的动力蓄电池总成质量大约为 900kg，上面标示着 85kW·h。动力蓄电池箱体由 16 个动力蓄电池模组组成，每个动力蓄电池模组里面有 444 节锂电池，其中每 74 节串联到一起，因此整个动力蓄电池箱体是由 7104 节 18650 型锂电池组成。动力蓄电池箱体位于车辆底盘正下方，沉重的动力蓄电池箱体所带来的低重心让特斯拉行驶起来更加稳定，坚硬的动力蓄电池箱体外壳也给车辆的驾乘人员增加了一层保护措施。特斯拉动力蓄电池箱体如图 3-8 所示。

图 3-7　北汽 EV200 动力蓄电池箱体

图 3-8　特斯拉动力蓄电池箱体

（1）动力蓄电池箱

动力蓄电池箱主要包括动力蓄电池模组、动力蓄电池管理系统、辅助元器件以及动力蓄电池箱体等部件。动力蓄电池箱内部结构如图 3-9 所示。

图 3-9　动力蓄电池箱内部结构

动力蓄电池箱是用来支撑、固定和包围动力蓄电池系统组件，具有承载保护动力蓄电池模组及电气元件的作用。新能源汽车的动力蓄电池箱体大都是通过螺栓固定在车身底板下方，其防护等级为 IP67。当进行整车维护时，需观察动力蓄电池箱体螺栓是否有松动，箱体是否有破损变形，密封法兰是否完整。动力蓄电池箱体表面不得有划痕、尖角、毛刺、焊缝等外观缺陷。

1）北汽 EV200 动力蓄电池内部结构如图 3-10 所示。

2）比亚迪 e5 动力蓄电池内部结构如图 3-11 所示。

图 3-10　北汽 EV200 动力蓄电池内部结构

图 3-11　比亚迪 e5 动力蓄电池内部结构

3）长城 WEY P8 动力蓄电池内部结构如图 3-12 所示。

（2）蓄电池单体

蓄电池单体即电芯，是构成动力蓄电池模组的最小单元。按正极材料来分，主要有钴酸锂、锰酸锂、磷酸铁锂以及镍钴锰酸锂三元材料等。常见的新能源汽车蓄电池单体有圆柱形和长方体形。根据壳体材料不同，又有金属外壳和软包外壳等类型。蓄电池单体如图 3-13 所示。

图 3-12　长城 WEY P8 动力蓄电池内部结构

图 3-13　蓄电池单体

（3）动力蓄电池模组

由于蓄电池单体的容量有限，要想达到车辆的使用要求，往往对若干个蓄电池单体按照一定的规律进行组合，进而构成动力蓄电池模组。

动力蓄电池模组是指蓄电池单体经过串联或并联的方式进行组合，并设置保护线路板及外壳后能够直接提供电能的组合体，如图 3-14 所示。动力蓄电池模组的组合方法主要有先并联后串联、先串联后并联和混联三种，是组成动力蓄电池系统的次级结构之一。

图 3-14　动力蓄电池模组

（4）辅助元器件

动力蓄电池箱内的辅助元器件按照作用分类，主要有电子控制单元、继电器组件、信息采集元件、温度调节元件、保护装置以及高低压连接线束等部件。以北汽新能源车型为例，动力蓄电池箱内的辅助元器件见表3-8。

表 3-8　动力蓄电池箱内的辅助元器件

名称	图示	名称	图示
主控盒		从控盒	
高压配电盒（高压盒）		高压继电器	
维护插接器		高压断路器	
电加热膜		温度传感器	

（续）

名称	图示	名称	图示
预充电阻		加热断路器	
分流器		连接线束	

1）主控盒。主控盒是动力蓄电池管理系统的控制中心，用来控制总正继电器、加热继电器以及预充继电器，还通过 CAN 总线与 VCU 进行通信。

2）从控盒。从控盒用来分别采集左右动力蓄电池组的蓄电池单体电压和动力蓄电池模组温度，然后通过 CAN 总线将信息输送给主控盒。

3）高压配电盒。高压配电盒的主要作用是采集总电压、电流，监测高压绝缘情况等，然后通过 CAN 总线将信息传输给主控盒。

4）高压继电器。动力蓄电池包内通常设有多个高压继电器。动力蓄电池管理系统要完成对高压继电器的驱动与状态检测，通过与整车控制器通信协调后进行控制。动力蓄电池包内的高压继电器一般有总正继电器、总负继电器、预充继电器以及加热继电器等。

5）维护插接器。维护插接器也叫维修开关或紧急开关，在特定时刻能够实现高压系统的电气隔离，是保证电动汽车高压电气安全的关键部件。在车辆维修或存在漏电危险等特殊情况时，使用维修开关人工切断高压电路。

6）高压断路器。高压断路器也叫高压熔断器，是最简单的电器保护装置。它串联在被保护电路中，用来保护电气设备免受过载和短路电流的损害。当电路或电路中的设备过载发生故障时，熔件发热熔化，从而迅速切断电路，达到保护电路或电气设备的目的。

7）电加热膜。动力蓄电池的电加热膜外表为一层绝缘硅胶，因此又称硅胶电热膜或硅橡胶电热片，是一种采用耐高温、高导热、绝缘性能好、强度高的硅橡胶和耐高温的纤维增强材料以及金属发热膜电路集合而成的软性电加热膜元件。当加热电路工作时，通过电加热膜对动力蓄电池进行加热。

8）温度传感器。动力蓄电池的化学性能受环境温度的影响非常大，为了保证动力蓄电池的使用性能，必须使动力蓄电池工作在合理的温度范围之内。温度传感器用来检测动力蓄电池电芯温度。

9）预充电阻。对于高于60V的高压系统，其上电过程必须大于100ms。在上电过程中应该采用预充过程来缓解高压冲击，以提高整车的安全性能。

预充管理是新能源汽车必不可少的重要环节，其主要作用是对驱动电机控制器的大电容进行充电和缩小高压系统电压差，以减少高压继电器在接触时产生的火花拉弧，降低冲击，增加安全性。预充电阻与预充继电器配合工作，共同完成车辆的预充电过程。

10）加热断路器。当动力蓄电池的加热电流过大时，加热断路器会熔断，以保护加热系统零部件。

11）分流器。新能源汽车动力蓄电池工作电流的测量方案主要有霍尔式电流传感器和电阻分流器两种。分流器是一个能够通过极大电流的电阻，其阻值是严格设计好的，串接在直流电路里。当高压电流过分流器时，分流器两端产生毫伏级直流电压差值信号，该信号输送给动力蓄电池管理系统，用以计量该直流电路里的电流值。

12）连接线束。动力蓄电池箱体内部连接线束主要分为高压电缆、低压电缆和CAN信号线。

2. 动力蓄电池管理系统（BMS）

动力蓄电池管理系统（BMS）是保证动力蓄电池正常使用、行车安全、数据采集和提高电池寿命的一种关键技术。它能提升动力蓄电池的工作性能，预防个别单体蓄电池早期损坏，有利于电动汽车的顺利运行，并具有保护和警告功能。动力蓄电池管理系统相当于人的大脑，不仅要保证动力蓄电池系统安全可靠的使用，还要充分发挥动力蓄电池的性能并延长其使用寿命。动力蓄电池管理系统作为动力蓄电池和整车控制器（VCU）以及驾驶人沟通的桥梁，通过控制高压继电器的动作来控制动力蓄电池的充放电，并向整车控制器上报动力蓄电池系统的运行参数与故障信息。

动力蓄电池管理系统是动力蓄电池的核心部件，是集检测、控制与管理为一体的控制单元，主要由主控盒、从控盒、高压配电盒、温度调节装置以及信号采集单元等部件组成，如图3-15所示。

图 3-15 动力蓄电池管理系统架构

动力蓄电池管理系统具体任务有动力蓄电池状态估算、数据采集、温度管理、绝缘检测、安全管理、充放电管理、故障管理以及数据传输等项目。以北汽新能源车型为例，新能源汽车动力蓄电池系统实车运行数据如图 3-16 和图 3-17 所示。

例>> EV160—2016款 >> 系统选择 >> 动力电池系统(BMS)(2017年4月1日以前生产) >> 数据流

名称	当前值	单位
动力蓄电池内部总电压	326.20	V
动力蓄电池充放电电流	0.00	A
动力蓄电池外部总电压	326.20	V
整车状态机编码	30	
直流母线电压实际值	163.50	V
BMS自检计数器	3	
动力蓄电池负端继电器当前状态	开启	
冷却风扇状态	开启	
动力蓄电池正端继电器当前状态	关闭	
动力蓄电池预充继电器当前状态	关闭	
正极对地绝缘电阻	2000	KΩ
负极对地绝缘电阻	2000	KΩ
动力蓄电池允许最大充电电流	0.0	A
动力蓄电池允许最高充电端电压	360.00	V
当前状态允许最大放电功率	70.00	kW
当前状态允许最大馈电功率	38.40	kW

图 3-16 动力蓄电池系统实车运行数据（1）

例>> EV160—2016款 >> 系统选择 >> 动力电池系统(BMS)(2017年4月1日以前生产) >> 数据流

名称	当前值	单位
动力蓄电池SOC	26	%
动力蓄电池可用容量	0.20	A·h
动力蓄电池可用能量	0.06	kW·h
单体电芯最高电压	3.26	V
最高电压单体序号	35	
单体电芯最低电压	3.25	V
最低电压单体序号	83	
单体电芯最高温度	16	℃
最高温度单体序号	1	
单体电芯最低温度	15	℃
最低温度单体序号	3	
1号子板EEPROM故障状态	正常	
2号子板EEPROM故障状态	正常	
3号子板EEPROM故障状态	正常	
4号子板EEPROM故障状态	正常	
5号子板EEPROM故障状态	正常	

图 3-17 动力蓄电池系统实车运行数据（2）

二、任务实施

1. 实施准备

（1）实训物品准备

1）动力蓄电池解剖模型。

2）新能源汽车整车。

3）新能源汽车故障诊断仪，如图 3-18 所示。

4）车辆防护用品三件套。

5）高压安全用电警示牌。

6）警示隔离带。

图 3-18 故障诊断仪

（2）安全注意事项

1）任务实施场地拉设警示隔离带，并在车辆上放置高压危险警示牌。

2）严禁私自拆卸动力蓄电池箱体内部任何零部件。

3）实训车辆禁止上路行驶，在车辆静止状态下读取动力蓄电池系统数据。

4）严格采取安全防护措施，严禁用手直接触摸高压元器件。

5）不操作时，必须断开低压蓄电池负极，高压上电前必须告知所有参训人员。

2. 实施内容

1）动力蓄电池箱体内部零部件认知与作用说明。

2）动力蓄电池系统数据流读取。

3. 实施记录

1）认真观察动力蓄电池箱体内的各个零部件，并填写任务实施记录单（1），见表3-9。

表 3-9　任务实施记录单（1）

序号	辅助元器件名称	作用
1	主控盒	
2	从控盒	
3	高压配电盒	
4	高压继电器	
5	维护插接器	
6	高压断路器	
7	电加热膜	
8	加热断路器	
9	温度传感器	
10	预充电阻	
11	分流器	

2）连接车辆专用故障诊断仪，读取动力蓄电池系统的运行数据，并填写任务实施记录单（2），见表3-10。

表 3-10　任务实施记录单（2）

序号	动力蓄电池数据流名称	当前值
1	动力蓄电池内部总电压	
2	动力蓄电池充放电电流	
3	动力蓄电池负极继电器当前状态	
4	动力蓄电池正极继电器当前状态	
5	动力蓄电池预充继电器当前状态	
6	正极对地绝缘电阻	
7	负极对地绝缘电阻	
8	动力蓄电池 SOC	
9	动力蓄电池可用容量	
10	单体电芯最高电压	
11	最高电压单体序号	
12	单体电芯最低电压	
13	最低电压单体序号	
14	单体电芯最高温度	
15	最高温度单体序号	
16	单体电芯最低温度	
17	最低温度单体序号	

三、任务检验

1. 自检

参与实训练习的学员自我完成质量检验。

2. 互检

由完成相同实操练习项目的学员相互进行质量检验。

3. 终检

由专职质量管理人员（教师）进行专业检查。

四、教学评估

由教师依据教学目标对教学过程及结果进行价值判断。

任务三　车辆充电系统

情境导入

王先生的电动汽车突然无法正常充电，给4S店打电话请求救援。

王先生： 电动汽车的充电系统是如何工作的？我的车为什么突然不能充电了？

技师李： 新能源汽车的充电方式主要有慢充和快充两种形式，有些车型还具备快速换电功能。当车辆出现充电故障时，首先要判断是慢充系统还是快充系统的故障，还是两种方式都不能充电，然后再做相应的检修工作。

学习目标

1. 了解车辆充电系统慢充方式的工作原理。
2. 了解车辆充电系统快充方式的工作原理。
3. 能够完成车载充电机的更换工作。

一、相关知识

动力蓄电池充电系统是新能源汽车的电能补给系统，主要分为常规充电（俗称慢充）和快速充电（俗称快充）两种方式。新能源汽车的充电系统包括慢充电插孔、快充电插孔、车载充电机、高压配电盒、充电连接线以及相关的控制单元等部件，如图3-19所示。

图 3-19 充电系统

新能源汽车的充电控制策略通常为预充电→恒流充电→涓流充电（恒压）→结束，如图 3-20 所示。预充电过程不是每次充电时都有，以锂离子电池为例，通常当蓄电池单体电压低于 2.7V 时，如果直接进入恒流充电会损害动力蓄电池，此时自动开启预充模式，电压升高至一定值以后转为恒流充电模式。恒流充电是指以恒定的电流充电至 70% ~ 80% 电池电量，此时电压达到最高限制电压，然后转为涓流充电模式。涓流充电是以 30% 的时间充入 10% 的电量，之后充电过程结束。

图 3-20 充电控制策略

快充和慢充是一个相对的概念。快充为大功率直流充电，通常 1h 之内可以充满动力蓄电池容量的 80%；慢充是指交流充电，充电过程需 6 ~ 8h。电动汽车充电快慢与充电机功率、动力蓄电池充电特性和温度等因素紧密相关。在当前动力蓄电池技术水平下，即使快充也需要 30min 以上才能充到电池容量的 80%，超过 80% 以后为了保护动力蓄电池的安全，充电电流必须变小。国内常见电动汽车充电估算时间见表 3-11（由于技术不断更新，充电设备功率和充电环境的差异，该表格内的充电预估时间仅供参考）。

表 3-11　国内常见电动汽车充电估算时间

序号	车型	慢充时间 /h	快充时间 /h	续驶里程 /km
1	吉利帝豪 EV450	9	30 分钟充至 80%	400
2	比亚迪 e5	10	1.5 小时充至 80%	400
3	北汽 EU5	9	30 分钟充至 80%	416
4	威马 EX5	8	30 分钟充至 80%	400
5	蔚来 ES8	10	1.5	355
6	小鹏 G3	8	1	351

1. 慢充系统

慢充系统是使用普通的交流 220V 单相民用电，通过车载充电机将交流电变换为高压直流电，从而给动力蓄电池充电。车载充电机采用高频开关电源技术，由 BMS 控制智能充电，无须人工看守，保护功能齐全，具有过压、欠压、过流、过热、输出短路、反接等多种保护功能，当充电系统出现异常会及时切断供电。新能源汽车慢充电插孔端子如图 3-21 所示。充电功率取决于车载充电机功率，目前主流有 2kW、3.3kW、6.6kW。

图 3-21　慢充电插孔

CP—充电控制　CC—充电连接确认　N—中性线　L—A 相　PE—地线　NC1—B 相　NC2—C 相

（1）车载充电机工作原理

车载充电机内部可分为主电路、控制电路、线束及标准件三部分。主电路前端将交流电转换为恒定电压的直流电，主电路后端为 DC/DC 变换器，将前端转出的直流高压电变换为合适的电压及电流供给动力蓄电池。长城 WEY P8 车载充电机如图 3-22 所示。

特斯拉电动汽车可以选装 2 个车载充电器，这样可以有 2 倍最大交流电充电电流，如图 3-23 所示。

图 3-22　长城 WEY P8 车载充电机

图 3-23 特斯拉双充电器

新能源汽车的车载充电机控制电路具有控制场效应管开关，它与 BMS 之间进行通信，监测充电机工作状态以及与充电桩握手等。线束及标准件用于主电路与控制电路的连接，固定元器件及电路板。车载充电机工作原理如图 3-24 所示。

图 3-24 车载充电机工作原理

车载充电机的工作均由 BMS 发出指令进行控制，包括工作模式指令、动力蓄电池允许最大电压、充电允许最大电流、加热状态的电流值等。充电机通过 CAN 总线与车辆进行通信，通信内容包括蓄电池单体、模块和总成的相关技术参数，充电过程中动力蓄电池的状态参数，充电机工作状态参数以及车辆基本信息等。

充电前，系统会自动检测动力蓄电池箱体内部的动力蓄电池温度，若温度高于 55℃或低于 0℃时，动力蓄电池管理系统将自动切断充电回路，此时无法充电。若有低于 0℃的温度点，则启动加热模式，加热继电器闭合进行加热，待所有电芯温度点都高于 5℃时停止加热，然后启动充电程序，充电过程中充电桩电流显示为 12～13A。

加热状态时，充电机停止充电，此时 BMS 闭合负极继电器和加热继电器，通过电热元件给动力蓄电池包内的电芯进行加热，加热电流由充电机向加热元件直接供电。

慢充状态时，动力蓄电池高压正负继电器闭合，车载充电机首先判断其输出端的电压值，当监测到电压值满足充电要求后，充电机将闭合其输出端继电器并开始工作。慢充工作流程见表 3-12。

表 3-12　慢充工作流程

序号	车载充电机	动力蓄电池、BMS	VCU、仪表、数据终端
1	220V 上电	待机	待机
2	12V 低压供电并等待指令	唤醒	
3	接收指令并执行加热流程	BMS 监测动力蓄电池状态并发送加热指令	
4	接收指令并停止工作	BMS 监测动力蓄电池温度并发送停止指令	唤醒
5	接收指令并执行充电流程	BMS 待充电机反馈后发送充电指令	
6	接收指令并停止工作	BMS 监控动力蓄电池状态并发送完成指令	
7	完成充电后 1min 内控制充电桩结算	待机	待机

（2）车载充电机接线端子识别

1）奇瑞新能源 eQ1 车载充电机插件如图 3-25 所示。

① 插件 A1 ：充电机电源输入，交流 220V。

② 插件 A2 ：充电机控制信号，与整车低压电缆连接。

③ 插件 A3 ：充电机高压输出端，与动力蓄电池慢充输入线连接。

图 3-25　奇瑞新能源 eQ1 车载充电机插件

2）北汽 EV200 车载充电机插件如图 3-26 所示。

3）比亚迪 e6 车载充电机插件如图 3-27 所示。

2. 快充系统

快充系统使用工业 380V 三相电通过功率变换后，将直流高压大电流通过高压动力电缆直接向动力蓄电池进行充电，在快充过程中电流显示值通常在 13.2 ～ 46.2A。快充系统主要部件包括快充桩、快充电插孔、车内高压线束、高压配电盒以及动力蓄电池等。新能源汽车快充插孔端子如图 3-28 所示。

4、车载
充电机

低压通　　直流输　　交流输
信端　　　出端　　　入端

图 3-26　北汽 EV200 车载充电机插件

车载高压输出

接交流充电口

控制线束

图 3-27　比亚迪 e6 车载充电机插件

图 3-28　快充插孔端子

DC- —高压直流电源负极　　DC+ —高压直流电源正极　　PE —接地　　A- —低压辅助电源负极
A+ —低压辅助电源正极　　CC1—充电连接确认　　CC2—充电连接确认　　S+ —充电通信 CAN-H　　S- —充电通信 CAN-L

快充桩安装在固定的充电场所，与 380V 交流电源连接。电流经过 PFC 功率因数模块、

DC/AC 变换器、高频变压器、AC/DC 变换器后，与电动汽车快充插孔相连接。快充桩工作原理如图 3-29 所示。

图 3-29　快充桩工作原理

新能源汽车快充时的电流大小受动力蓄电池内部温度的影响，当动力蓄电池温度低于 5℃ 时停止充电，5～15℃ 时充电电流为 20A 左右，15～45℃ 时充电电流为 50A 左右，高于 45℃ 时停止充电。

当车辆充电时，起动钥匙位于 OFF 位，充电枪连接正常后，首先充电桩发出 12V 低压电信号唤醒整车控制器（VCU），此时仪表充电插头指示灯点亮，表示充电枪连接正常。VCU 输出 12V 低压电信号，唤醒动力蓄电池管理系统和 DC/DC 变换器，动力蓄电池内部自检合格后通过 CAN 线向充电桩发出充电请求信号并开始充电。

充电过程中，主控盒与从控盒采集的动力蓄电池电压和温度等信息通过 CAN 总线与 VCU 和充电机通信，充电机随时调节充电电流和电压，保证充电数据的安全合理。当充电结束拔出充电枪后，VCU 控制车辆的高压系统下电。

3. 换电技术

目前，新能源汽车动力蓄电池的能量密度和续驶里程还不能满足大部分车主长途行驶的要求，而且每次充电的时间又太长，充电基础设施也不算很完善，使新能源汽车的使用和推广受到严重限制。因此，有些汽车厂商提出可以像更换手机电池那样快速地更换新能源汽车的动力蓄电池，使快速换电技术成为新能源汽车领域的一个研究热点。

换电技术可以在几分钟之内完成动力蓄电池更换作业，这一操作过程主要是利用专业设备自动完成的。虽然解决了充电慢的问题，但是动力蓄电池的结构设计和换电站建设也给广大汽车制造商增加了很大的成本。

具备快速换电功能的动力蓄电池采用模块化设计，具有通用性和互换性，方便安装与拆卸，可实现集中充电与快速更换的结合。动力蓄电池箱体外壳设有固定销锁止机构、螺栓锁止机构、导向机构、动力蓄电池电源线插座、动力蓄电池管理系统通信线插座以及位置传感器等部件。以北汽 EU260 为例，动力蓄电池快速插接件如图 3-30 所示。

图 3-30　动力蓄电池快速插接件

二、任务实施

1. 实施准备

（1）实训物品准备

1）新能源汽车整车。

2）新能源汽车维修手册。

3）车辆防护用品三件套。

4）高压安全用电警示牌。

5）高压安全防护用品。

6）警示隔离带。

7）绝缘工具。

8）万用表。

（2）安全注意事项

1）任务实施场地拉设警示隔离带。

2）车辆停放平稳，前后禁止站人。

3）在前机舱内放置高压安全用电警示牌。

4）严禁用手直接触摸动力电缆（橙色部分）。

5）拆卸高压部件时，必须穿戴好高压安全防护用品。

6）拆卸高压部件前，必须关闭点火开关并妥善保管车钥匙，拆卸低压蓄电池负极。

5、车载充电机拆装

2. 实施内容

车载充电机总成更换。

3. 实施记录

任务实施记录单见表3-13。

表 3-13 任务实施记录单

操作顺序	操作内容
1	
2	
3	
4	
5	
6	
7	

三、任务检验

1. 自检

参与实训练习的学员自我完成质量检验。

2. 互检

由完成相同实操练习项目的学员相互进行质量检验。

3. 终检

由专职质量管理人员（教师）进行专业检查。

四、教学评估

由教师依据教学目标对教学过程及结果进行价值判断。

任务四　动力蓄电池系统故障维修

情境导入

一辆新能源汽车在行驶过程中托底，导致动力蓄电池箱体破损。

车主李：车辆在行驶过程中只是轻轻磕碰了一下，动力蓄电池怎么就坏了呢？

技师王：新能源汽车的动力蓄电池安装在车辆底部，极易发生因托底而损坏的事故。在行驶过程中遇到起伏不平或者积水路面的时候，一定要仔细观察路况，缓慢行驶或选择绕行，以免造成车辆损伤。

学习目标

1. 能够完成动力蓄电池绝缘检测。
2. 能够完成动力蓄电池总成更换。
3. 掌握动力蓄电池系统故障排除方法。

一、相关知识

1. 绝缘电阻监测系统

新能源汽车采用电力驱动系统，内部有几百伏的高压电，有着极高的绝缘要求。而汽车是一个不断运动的部件，随着使用年限增加、系统振动、部件老化、温湿度变化等因素的影响，都有可能导致车辆整体绝缘性能下降。这不仅会影响车辆运行，还将危及车上人员的人身安全，因此电动汽车高压电气系统绝缘性能是一个至关重要的技术指标。

（1）绝缘电阻监测系统工作原理

新能源汽车的高压电路应按 GB/T 18384.3—2015《电动汽车　安全要求　第 3 部分：人员触电防护》中的规定提供直接接触防护，布置在乘客舱或行李舱外部的 B 级高压电路（60 ~ 1500V）的防护性能应满足 IP67 的要求。当各高压部件、接口的通断导致系统暴露产生潜在危险时，B 级电压系统应自动不带电。

动力蓄电池正负极通过绝缘层与底盘构成电流回路，当整车绝缘下降时漏电电流就会增大，漏电电流达到一定值时，将危及乘客安全以及整车电气系统的正常运行。新能源汽车的绝缘电阻监测系统主要是通过在正极动力电缆与底盘、负极动力电缆与底盘之间分压的方式，来测量动力电缆相对于车辆底盘的绝缘程度。为了简化结构，通常将绝缘电阻监测模块设在动力蓄电池系统内，并把绝缘电阻监测功能集成到 BMS 上，如图 3-31 所示。

图 3-31　绝缘电阻监测电路

动力蓄电池系统的绝缘阻值分为正极与外壳、负极与外壳两部分。在高压电断开的情况下用绝缘表测量正极对地和负极对地绝缘阻值，均应大于等于 $500\,\Omega/V$，否则为不合格。

（2）绝缘阻值测量流程

测量电气设备的绝缘电阻是检查其绝缘状态最简便的方法，普遍使用绝缘表测量绝缘电阻。绝缘表又叫兆欧表，在工作时自身会产生高电压，而测量对象也是电气设备，因此必须正确使用，以免造成人身伤害或设备损坏。

1）检测方法：

①试验前关闭点火开关，拆卸低压蓄电池负极连接线。

②拔下维修开关，交专人保管或锁起来，以防误插。

③断开动力蓄电池高压电缆插接件，并用放电工装进行放电。

④对绝缘表进行初步检查，确认绝缘表工作正常。

⑤选择合适的量程，连接测试线，按下测试键，读取其绝缘电阻值，如图 3-32 所示。

图 3-32　绝缘阻值测量

2）注意事项：

① 测量前，必须断开被测设备电源并进行放电，严禁带电测量，以保证人身和设备的安全。

② 被测物表面要清洁，减少接触电阻，确保测量结果准确。

③ 测量大电容电机和较长电缆的绝缘电阻时，必须适当延长测量时间才能得到正确的结果。

④ 遇阴雨潮湿的天气或环境湿度太大时，不宜进行测量工作。

⑤ 测试输出电压插孔输出的是高压电，严禁用手直接触摸测试笔。

⑥ 蓄电池能量不足时应及时更换，长期存放时应取出蓄电池，以免蓄电池漏液损坏绝缘表。

⑦ 空载时，如有数字显示，属正常现象，不影响测试。

⑧ 在进行 MΩ 测试时，如果读数不稳定可能是环境干扰或绝缘材料不稳定造成的，此时可将 -G- 端接到被测部件的屏蔽端，即可使读数稳定。

⑨ 为保证测试安全性和减少干扰，测试线外皮采用硅橡胶材料，请勿随意更换测试线。

2. 动力蓄电池更换流程

（1）车辆停放平稳，铺设车辆防护用品。

（2）操作人员穿戴好高压安全防护用品。

（3）断开 12V 低压蓄电池负极，并用绝缘胶带包裹负极连接线、低压蓄电池极柱。

（4）拆下维修开关（有的车型没有维修开关）。

（5）举升车辆，拆卸动力蓄电池线束护板。

（6）拆卸动力蓄电池高低压线束。

（7）测量动力蓄电池端正负极端子输出电压是否为 0V。如果高压端带电，需等待几分钟再次进行测量，严禁带电操作。

（8）用放电工装对高压负载端进行放电。

（9）将动力蓄电池举升车推入车辆底部，托住动力蓄电池总成底部，按顺序拆卸动力蓄电池总成固定螺栓。

（10）缓慢降下动力蓄电池举升车，并将动力蓄电池推出车外。

（11）安装时将动力蓄电池移至车辆下方，缓慢升起动力蓄电池举升车，使动力蓄电池两侧的定位销对准车辆下方定位孔。

（12）按顺序依次拧紧动力蓄电池的固定螺栓，安装动力蓄电池高低压线束插接件及动力蓄电池护板。

（13）车辆复位，检查车辆上电和充电是否正常。

3. 维护插接器

维护插接器（MSD）也叫维修开关或紧急开关，在特定时刻能够实现高压系统的电气隔离，是保证电动汽车高压电气安全的关键部件。在车辆维修或存在漏电危险等特殊情况时，使用维修开关切断高压电路。维修开关的安装位置各车型都不一样，主要分布在后排座椅下方、中央扶手箱下方、行李舱内以及前排乘客座椅下方等位置。长城 WEY P8 维护插接器位于车辆行李舱内，如图 3-33 所示。

图 3-33 长城 WEY P8 维护插接器

根据 SAE 标准，当维修开关打开后，可以断开动力蓄电池系统输出端子之间的任何电压。在继电器断开的情况下，MSD 断开后 5s 内，所有外部动力蓄电池端子的直流电压应小于 60V。原则上，MSD 可以设置在动力蓄电池内的任意一个位置，不过一般分为以下三种：SD1- 动力蓄电池正极和正极继电器 C1 之间；SD2- 动力蓄电池组中心，这里是动力蓄电池额定电压的中间分压位置；SD3- 动力蓄电池负极和负极继电器 C2 之间，如图 3-34 所示。

维修开关采用两阶段打开方式，内置高压互锁触点，插合后的防护等级为 IP67，插拔寿命在 500 次以上。拆卸方法大致相同，以江淮 iEV6S 为例，维修开关位于车辆后排座下方，如图 3-35 所示。在拆卸维修开关之前必须要关闭点火开关，断开低压蓄电池负极连接线，在拔下维修开关后，还需等待 10min 左右才可以进行下一步的维修工作，以确保高压剩余电量消耗完毕。

图 3-34 维护插接器设置位置

图 3-35 江淮 iEV6S 维修开关安装位置

1）首先拆卸维护插接器开关盖板的 4 条固定螺栓。

2）打开维护插接器的二次锁扣，如图 3-36 所示。

图 3-36 打开二次锁扣

3）按住维护插接器卡扣，按图 3-37 所示方向转动维护插接器的把手，然后向上用力直至把手垂直，然后取出维护插接器并安全放置，以防他人误插。

图 3-37 取出维护插接器

4. 动力蓄电池系统常见故障

电动汽车的动力蓄电池系统属于高压部件，其好坏直接影响着整车安全性及可靠性。在动力蓄电池系统中，从故障发生的部位看，分为传感器故障、执行器故障（接触器故障）和部件故障（电芯故障）等。

动力蓄电池系统故障按照故障发生的部位不同可以分为单体蓄电池故障、动力蓄电池管理系统故障、线路或插接件故障。

（1）单体蓄电池故障

1）单体蓄电池 SOC 偏低或偏高。这种情况下动力蓄电池性能正常，无须更换。如果单体蓄电池 SOC 偏低，则该电池在汽车行驶过程中，电压最先达到放电截止电压，使得动力蓄电池组实际容量降低，应对该单体蓄电池进行补充充电。如果单体蓄电池 SOC 偏高，则该电池在充电末期最先达到充电截止电压，影响充电容量，需对该单体蓄电池进行单独补充放电。

2）单体蓄电池容量不足和单体蓄电池内阻偏大。这种情况电池性能衰退严重，应立即更换。在动力蓄电池组中，最小的单体蓄电池容量也限制了整个动力蓄电池组的容量，因此发生单体蓄电池容量不足故障会影响车辆续驶里程。如果锂离子动力蓄电池内阻过大，会严重影响电池的电化学性能，例如充放电过程中的极化严重、活性物质利用率低、循环性能差等。

3）单体蓄电池内部短路、单体蓄电池外部短路。这种情况会影响行车安全。在强振动下锂离子动力蓄电池的极耳、极片上的活性物质、接线柱、外部连线和焊点可能会折断或脱落，造成单体蓄电池内部或外部短路。

通常情况下，造成单体蓄电池前两种故障的原因可能包括两个：一是动力蓄电池成组时单体蓄电池一致性问题，单体蓄电池的 SOC、容量和内阻本身就存在差异；二是单体蓄电池在成组应用过程中因为应用环境差异（如温度、充放电电流）而造成的一致性差异增加，加剧单体蓄电池的不一致性。

（2）动力蓄电池管理系统故障

动力蓄电池管理系统对于保障动力蓄电池组的安全及使用寿命，最大限度发挥动力蓄电池系统效能具有重要作用。动力蓄电池管理系统通常对单体电压、总电压、总电流和温度等进行实时监控采样，并将实时参数反馈给整车控制器。

动力蓄电池管理系统除了对动力蓄电池性能参数进行监控、实施电性能管理以外，还具有热管理为主的应用环境管理，实施对动力蓄电池的加热和冷却，确保动力蓄电池的良好应用环境温度以及温度场的一致性。

若动力蓄电池管理系统发生故障，就失去了对动力蓄电池的监控，不能估计动力蓄电池的SOC，容易造成动力蓄电池的过充、过放、过载、过热以及不一致性问题的增加，影响动力蓄电池的性能、使用寿命和行车安全。

动力蓄电池管理系统故障包括 CAN 通信故障、总电压测量故障、单体电压测量故障、温度测量故障、电流测量故障、继电器故障、加热器故障和冷却系统故障等。

（3）线路或插接件故障

线路或插接件故障的诊断对于确保行车安全和整车的可靠性同样重要。例如，因为车辆的振动，单体蓄电池间的连接螺栓可能会出现松动，单体蓄电池间接触电阻增大，发生电池间虚接故障，以致动力蓄电池组内部能量损耗增加，造成车辆动力不足和续驶里程短，在极端情况下还能引起高温，产生电弧，熔化动力蓄电池电极和连接片，甚至造成动力蓄电池着火等极端电池安全事故。

在电动汽车运行过程中，单体蓄电池之间可能发生相对跳动，造成两电池间的连接片折断。动力蓄电池箱和电动汽车的电气连接也是故障的高发点，电器插接件在经历长时间振动后容易产生虚接，出现易烧蚀、接触不良等故障。

动力蓄电池系统常见故障及处理方法见表 3-14。

表 3-14　动力蓄电池系统常见故障及处理方法

项目	故障现象	故障后果	处理方法
单体蓄电池	单体蓄电池 SOC 偏低	动力蓄电池组容量降低，电动汽车续驶里程短	对单体蓄电池单独充电
	单体蓄电池 SOC 偏高		对单体蓄电池单独放电
	单体蓄电池容量不足	动力蓄电池组充电不足、使用寿命减少，电动汽车续驶里程短	更换单体蓄电池
	单体蓄电池内阻偏大	动力蓄电池组充电不足、使用寿命减少，电动汽车动力不足、续驶里程短	
	单体蓄电池过充电	动力蓄电池内部短路、电池热失控，严重时会起火、爆炸	检查动力蓄电池管理系统
	单体蓄电池过放电		
	单体蓄电池内部短路	动力蓄电池热失控，严重时会起火、爆炸	更换单体蓄电池
	单体蓄电池外部短路		排除短路故障、更换单体蓄电池
	单体蓄电池极性装反		更换单体蓄电池
动力蓄电池管理系统	CAN 通信故障	无法监控电动汽车	检查 CAN 网络
	总电压测量故障	无法监控总电压	检查总电压测量模块
	单体电压测量故障	无法监控单体电压	检查单体电压测量模块
	温度测量故障	无法监控电池温度	检查温度测量模块
	电流测量故障	无法监控动力蓄电池电流	检查电流测量模块
	冷却系统故障	动力蓄电池温度偏高	检查冷却风扇控制线路
线路或插接件	单体蓄电池间虚接	电动汽车动力不足、续驶里程短	紧固电池连接
	单体蓄电池间断路	电动汽车无法起动	检查电池连接
	快速熔断器断开		检查快速熔断器
	电器插接件断开		检查动力电器插接件
	信号电器插接件虚接	电器插接件易烧蚀，电动汽车动力不足	
	信号电器插接件故障	无法监控电动汽车	检查信号电器插接件
	正极接触器故障	电动汽车无法起动	检查接触器
	负极接触器故障		
	电源线短路	动力蓄电池热失控，严重时会起火、爆炸	检查电源线

二、任务实施

1. 实施准备

（1）实训物品准备

1）新能源汽车整车。

2）车辆防护用品三件套。

3）高压安全用电警示牌。

4）高压安全防护用品。

5）动力蓄电池举升车，如图 3-38 所示。

6）绝缘工具，如图 3-39 所示。

图 3-38　动力蓄电池举升车

图 3-39　绝缘工具

7）放电工装，如图 3-40 所示。

8）维修手册。

9）万用表。

10）绝缘表。

11）举升机。

（2）安全注意事项

1）任务实施场地拉设警示隔离带，放置安全用电警示牌。

2）拆装动力蓄电池前，必须断开低压蓄电池负极，并妥善保管车钥匙。

3）操作人员必须经过安全培训，工作场地保持干净整洁。

4）操作过程中必须穿戴高压安全防护用品，并使用绝缘工具。

5）确保举升机和动力蓄电池举升车等设备性能正常。

6）严禁私自打开动力蓄电池箱体外壳。

图 3-40　放电工装

2. 实施内容

（1）动力蓄电池绝缘阻值测量。

（2）动力蓄电池总成更换。

3. 实施记录

任务实施记录单见表 3-15。

6、动力蓄电池拆装

表 3-15　任务实施记录单

序号	检测线路	检测数据
1	正极与外壳	
2	负极与外壳	

三、任务检验

1. 自检

参与实训练习的学员自我完成质量检验。

2. 互检

由完成相同实操练习项目的学员相互进行质量检验。

3. 终检

由专职质量管理人员（教师）进行专业检查。

四、教学评估

由教师依据教学目标对教学过程及结果进行价值判断。

复 习 题

一、填空题

1. 可充电电池内部结构之间所发生的化学反应是可逆的，也叫二次电池，新能源汽车上的动力蓄电池均为_____。

2. 锂离子电池主要由_____和_____两大模块组成。

3. _____是用来支撑、固定和包围动力蓄电池系统的组件，具有承载保护动力蓄电池模组及电气元件的作用。

4. 由于单体蓄电池的容量有限，要想达到车辆的使用要求，往往对若干个单体蓄电池按照一定的规律进行组合，进而构成_____。

5. _____是保证动力蓄电池正常使用、行车安全、数据采集和提高电池寿命的一种关键技术。

6. 快充系统使用_____通过功率变换后，将直流高压大电流通过高压动力电缆直接向动力蓄电池进行充电。

二、选择题

1. 蓄电池通常简称电池，是将化学能转化成电能的一种装置。电池内部的（　　　）决定了该电池是否可以充电。

A. 电化学特性　　　B. 尺寸大小　　　C. 容量大小　　　D. 材料数量

2. 镍氢与镍镉电池的标称电压都是（　　　）。

A. 1.2V　　　　　B. 1.5V　　　　　C. 2.4V　　　　　D. 3.2V

3. 锂离子电池的封装形式主要有（　　　）几种形式。

A. 圆柱形　　　　B. 方形　　　　　C. 软包　　　　　D. 层叠式

4. 常用动力蓄电池的主要技术参数有（　　　）。

A. 额定电压　　　B. 电芯容量　　　C. 能量密度　　　D. 充放电倍率

5. 新能源汽车的充电系统主要包括（　　　）以及相关的控制单元等部件。

A. 慢充电插孔　　B. 快充电插孔　　C. 车载充电机　　D. 高压配电盒

6. 车载充电机的工作均由 BMS 发出指令进行控制，包括（　　　）等控制指令。

A. 工作模式指令　　　　　　　　B. 动力蓄电池允许最大电压

C. 充电允许最大电流　　　　　　D. 加热状态的电流值

三、判断题

1. 镍氢电池由氢离子和金属镍合成，电量储备比镍镉电池多 30%，密度比镍镉电池小，使用寿命也更长，并且对环境无污染。　　　　　　　　　　　　　　　（　　　）

2. 锂离子电池就是因锂离子在充放电时来回迁移而命名的，所以锂离子电池又称作摇椅电池。　　　　　　　　　　　　　　　　　　　　　　　　　　　　（　　　）

3. 在新能源汽车中，动力蓄电池与管理系统、驱动电机及控制系统、整车控制器是三个最重要的核心部件，即通常所说的"三大电"。　　　　　　　　　　　　　（　　　）

4. 蓄电池单体即电芯，是构成动力蓄电池模组的最小单元。按正极材料来分，主要有钴酸锂、锰酸锂、磷酸铁锂以及镍钴锰酸锂三元材料等。　　　　　　　　　（　　　）

5. 维护插接器也叫维修开关或紧急开关，在特定时刻能够实现高压系统的电气隔离，是保证电动汽车高压电气安全的关键部件。　　　　　　　　　　　　　　　（　　　）

6. 车载充电机内部可分为主电路、控制电路、线束及标准件三部分。　　（　　　）

驱动电机及控制系统

任务一　驱动电机基础知识

情境导入

王先生到某品牌的新能源汽车 4S 店选购车辆。

王先生：听说电动汽车都是靠电机驱动的，是这样吗？

技师李：电动汽车没有发动机，是通过电机将动力蓄电池提供的电能转变为机械能来驱动车辆行驶的。与传统的燃油车相比，电动汽车结构比较简单、车辆行驶噪声小，而且电机维护也非常简单。

学习目标

1. 了解驱动电机分类与原理。

2. 了解驱动电机的型号含义。

3. 熟悉驱动电机的常用术语。

一、相关知识

电机是指依据电磁感应原理实现电能转换的一种电磁装置，它的主要作用是产生驱动转矩，作为各种机械的动力源。

驱动电机系统是电动汽车的三大核心部件之一，是车辆行驶的执行机构，其特性决定了车辆的主要性能指标，直接影响车辆的动力性、经济性和用户驾乘感受。

1. 电机分类

（1）按工作电源划分

根据工作电源不同，电机可分为直流电机和交流电机，如图 4-1 所示。

（2）按结构和工作原理划分

根据结构和工作原理不同，电机可分为直流电机、异步电机和同步电机，如图 4-2 所示。

（3）按运转速度划分

按照运转速度不同，电机可分为低速电机、高速电机、恒速电机和调速电机，如图 4-3 所示。

（4）车用电机技术要求

目前，电动汽车上常用的电机主要有直流电机、交流感应电机、永磁同步电机和开关磁阻电机。电动汽车对于驱动电机主要有以下 7 点要求：

图 4-1 根据电机工作电源分类

图 4-2 根据电机结构和工作原理分类

图 4-3 根据电机运转速度分类

1）安全性高。电机及控制系统的安全性都必须符合国家或国际有关车辆电气控制的安全性能标准和规定，必须设有高压保护装置。

2）起动转矩和调速范围大。使电动汽车具有较好的起动性能和加速性能，从而获得起动、加速、行驶、减速、制动等工况所需的功率与转矩。

3）效率高、损耗低，还应在车辆减速时实现再生能量回收功能。

4）质量小。电机应尽量采用铝合金外壳，以降低电机质量。

5）电压高。在允许的范围内尽可能采用高电压，这样可减小电机和导线等部件的尺寸。

6）可靠性高、运行噪声小。耐高温和耐潮特性强，能够在较恶劣的环境下长期工作。

7）成本低、使用寿命长、结构简单、便于维护。

2. 直流电机

直流电机是指可以把直流电能转换成机械能（直流电动机）或将机械能转换成直流电能（直流发电机）的旋转电机。它是一种能够实现直流电能和机械能相互转换的电机。作为电动机运行时是直流电动机，将电能转换为机械能；作为发电机运行时是直流发电机，把机械能转换为电能。

（1）电机结构

直流电机主要由磁场、电枢绕组、电枢和换向器等部件组成。

1）磁场。磁场是一对静止的磁极，功率较小的电机采用永久磁铁做磁极，功率较大的电机磁场是由直流电流通过绕在磁极铁心上的绕组线圈产生的。用来形成 N 极和 S 极的绕组称为励磁绕组，励磁绕组中的电流称为励磁电流。

2）电枢绕组。在 N 极和 S 极之间有一个能绕轴旋转的圆柱形铁心，上面缠绕的线圈称为电枢绕组，电枢绕组中的电流称为电枢电流。

3）电枢。由铁心、电枢绕组和换向器所组成的旋转部分称为电枢。

4）换向器。电枢绕组的两端分别接在两个相互绝缘和绕组同轴旋转的半圆形铜质换向片上，组成一个换向器，换向器上压着固定不动的正、负极电刷。

（2）工作原理

1）电磁转矩产生。电枢绕组通过电刷接到直流电源上，绕组的旋转轴与机械负载相连。电流从电刷 A 流入电枢绕组，从电刷 B 流出。电枢电流与磁场相互作用产生电磁力，其方向可用左手定则判定。这一对电磁力所形成的电磁转矩，使电动机电枢 ab 沿着逆时针方向旋转。

2）换向原理。当电枢 ab 边转到了 S 极位置，cd 边转到了 N 极下面，这时电枢线圈的电磁转矩方向发生了改变，但由于换向器随着电枢同步旋转，使得电刷 A 总是接触 N 极下的导线，而电刷 B 总是接触 S 极下的导线，因此电流的流动方向随之发生改变，使电磁转矩方向保持不变，如图 4-4 所示。

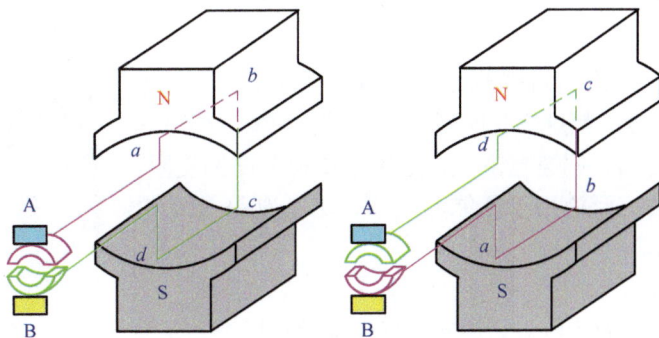

图 4-4 直流电机工作原理

（3）应用特点

1）优点。直流电机的起动加速转矩大，电磁转矩控制特性好，调速方便、控制装置简单，技术成熟、成本较低。

2）缺点。直流电机由于有机械换向器，当在高速大负荷下运行时，换向器表面常有火花出现，因此不宜设定太高的电机转速。长时间使用后，需要定期维护更换换向器和电刷，因此在新研制的新能源汽车上已基本不再采用直流电机。

3. 永磁同步电机

永磁同步电机采用永磁体来产生气隙磁通量，永磁体代替了直流电机中的磁场线圈和感应电机中定子的励磁体。永磁同步电机属于交流电机，定子绕组与异步电机的定子绕组相同。永磁同步电机转子的旋转速度与定子绕组所产生的旋转磁场的速度是一样的，因此称为永磁同步电机。

（1）电机结构

永磁同步电机主要由转子磁铁、定子绕组、传感器以及壳体等部件组成，如图4-5所示。永磁同步电机最大特点是它的定子结构与普通感应电机非常相似，主要区别于转子结构与其他电机形成了差别，在转子上设有优质的永磁体磁极。根据在转子上安放永磁体位置的不同，永磁同步电机通常会分为内嵌式、面贴式以及插入式三种。

7、驱动电机结构

图 4-5　永磁同步电机结构

（2）工作原理

永磁同步电机首先给定子绕组通入三相交流电，在通入电流后就会在电机的定子绕组中形成旋转磁场。由于在转子上安装了永磁体并且磁极是固定的，根据同极相斥、异极相吸原理，在定子中产生的旋转磁场会带动转子旋转从而产生驱动力，并最终达到转子的旋转速度与定子中产生的旋转磁场速度相等。

（3）应用特点

永磁同步电机所需要的钕铁硼永磁材料是稀土资源，因此生产成本较高，并且温度大幅度变化时还会引发退磁现象。但是永磁同步电机功率密度高、调速范围大，适用于高速公路网受限，频繁起停工况，目前广泛应用于新能源汽车，比亚迪e6驱动电机外观如图4-6所示。

4. 交流感应电机

交流感应电机又叫异步电机，即转子置于旋转磁场中，在旋

图 4-6　比亚迪 e6 驱动电机

转磁场的作用下，获得一个转矩使转子转动。交流感应电机是由电气工程师尼古拉·特斯拉于1887年发明的。

（1）电机结构

交流感应电机主要由定子绕组、笼型转子、转子轴、轴承、前端盖以及风扇等部件组成，结构如图4-7所示。

图 4-7　交流感应电机结构

1）定子。定子有 A-X、B-Y、C-Z 三个绕组，各线圈按一定规律分别嵌放在定子槽内，如图4-8所示。定子是电机中固定不动的部分，主要作用是产生一个旋转磁场。旋转磁场并不是用机械方法实现的，而是以交流电通过电磁绕组中，使其磁极性质循环改变，故相当于一个旋转磁场。按照所用交流电的种类不同，可划分为单相电机和三相电机两种。

2）转子。转子是可转动的导体，主要由铁心和绕组组成。转子绕组由插在转子槽中的多根导条和两个环形端环组成，若去掉转子铁心，整个绕组的外形就像一个鼠笼，故称笼型绕组，如图4-9所示。

图 4-8　定子绕组

图 4-9　笼型绕组

（2）工作原理

交流感应电机首先通过定子产生旋转磁场，转子绕组切割磁感线产生感应电动势，从而使转子绕组中产生感应电流。转子绕组中的感应电流与磁场相互作用，产生电磁转矩使转子旋转。

（3）应用特点

交流感应电机具有功率密度低、调速范围小、生产成本低、可靠性高、无退磁现象等特点，适用于高速公路网比较发达的区域。应用代表车型为特斯拉，特斯拉驱动电机如图 4-10 所示。

5. 开关磁阻电机

电机根据转矩产生原理不同，可大致分为由电磁作用原理产生转矩和由磁阻变化原理产生转矩两类。在电磁原理电机中，运动是由转子、定子两个磁场相互作用产生的，类似于磁铁同极相斥、异极相吸的现象，目前广泛应用的各种直流电机和交流电机都是根据这一原理制成。

磁阻原理电机的运动是由转子、定子之间气隙磁阻的变化产生的。当定子绕组通电时产生一个单相磁场，遵循磁阻最小原则，即磁通总要沿着磁阻最小的路径闭合。因此当转子轴线与定子轴线不重合时，磁阻力会作用在转子上并产生转矩，使其向磁阻最小的位置移动，类似于磁铁吸引导磁体的现象，利用该原理制成的电机就叫开关磁阻电机。

图 4-10　特斯拉驱动电机

（1）电机结构

开关磁阻电机的定子和转子均为凸极结构，定子和转子的齿数不等，转子齿数一般比定子少2个。在定子齿上绕有线圈，两个位置相对的定子线圈相互串联形成一相绕组。转子由铁心叠片而成，上面没有线圈绕组，开关磁阻电机结构如图 4-11 所示。

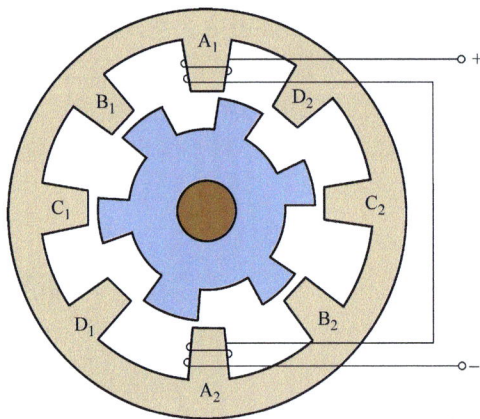

图 4-11　开关磁阻电机结构

（2）工作原理

开关磁阻电机是基于磁通总是沿着导磁最大的路径闭合原理制成的。当转子和定子的齿中心线不重合，导磁不是最大时，磁场就会产生磁拉力形成磁阻转矩，使转子转到导磁体最大的位置。电机控制器不断地向各相绕组依次通入电流，电机转子则一步一步地沿着与通电相序相反的方向转动。当改变定子各相通电顺序时，电机的旋转方向随之改变。

（3）应用特点

开关磁阻电机具有简单可靠、调速范围宽、效率高、控制灵活、成本低等优点。但是也具有转矩波动大、噪声较大、需要位置检测器等缺点，因此应用范围受到一定的限制，目前主要应用于大型新能源客车。

6. 驱动电机技术参数

（1）基速

电机基速是指电机的额定转速，当电机励磁绕组中通入额定的励磁电压或励磁电流，且此时电机带的负载为额定值，这时的电机转速即基速。

（2）额定功率

电机的额定功率是指电机在额定运行（额定电压、额定频率、额定负载）条件下，转轴上输出的机械功率。

（3）峰值功率

峰值功率就是当负载突然变化时，电机在短时间内能产生的最大功率。

（4）额定转矩

电机的额定转矩表示在额定条件下运行的电机，其轴端输出的转矩。

（5）峰值转矩

峰值转矩指电机输出的最大转矩，在转矩曲线上为最高点，因此叫峰值。

（6）防护等级

根据 GB/T 30038—2013《道路车辆　电气电子设备防护等级（IP 代码）》的定义：防护等级是评定外壳对直接触及、外来物和水所提供的防护程度。将电气设备依其防尘和防湿气的特性加以分级，IP 防护等级是由两个数字组成，第 1 个数字表示防止灰尘等外物侵入的等级，最高级别是 6。第 2 个数字表示防湿气、防水侵入的密闭程度，数字越大表示其防护等级越高，最高级别是 8。IP 防尘等级见表 4-1，IP 防水等级见表 4-2。新能源汽车高压部件的防护等级通常为 IP67。

表 4-1　IP 防尘等级

数字	防护范围	说　明
0	无防护	对外界的人或物无特殊的防护
1	防止直径大于 50mm 的固体外物侵入	防止人体（如手掌）因意外而接触到电器内部的零件，防止较大尺寸（直径大于 50mm）的外物侵入
2	防止直径大于 12.5mm 的固体外物侵入	防止人的手指接触到电器内部的零件，防止中等尺寸（直径大于 12.5mm）的外物侵入
3	防止直径大于 2.5mm 的固体外物侵入	防止直径或厚度大于 2.5mm 的工具、电线及类似的小形外物侵入而接触到电器内部的零件
4	防止直径大于 1.0mm 的固体外物侵入	防止直径或厚度大于 1.0mm 的工具、电线及类似的小形外物侵入而接触到电器内部的零件
5	防止外物及灰尘	完全防止外物侵入，虽不能完全防止灰尘侵入，但灰尘的侵入量不会影响电器的正常运作
6	防止外物及灰尘	完全防止外物及灰尘侵入

表 4-2　IP 防水等级

数字	防护范围	说　明
0	无防护	对水或湿气无特殊的防护
1	防止水滴浸入	垂直落下的水滴（如凝结水）不会对电器造成损坏
2	倾斜 15° 时，仍可防止水滴浸入	当电器由垂直倾斜至 15° 时，滴水不会对电器造成损坏

（续）

数字	防护范围	说　明
3	防止喷洒的水浸入	防雨或防止与垂直的夹角小于60°的方向所喷洒的水浸入电器而造成损坏
4	防止飞溅的水浸入	防止各个方向飞溅而来的水浸入电器而造成损坏
5	防止喷射的水浸入	防持续至少3min的低压喷水
6	防止大量水浸入	防持续至少3min的大量喷水
7	防止浸水时水的浸入	在深达1m的水中防30min的浸泡影响
8	防止沉没时水的浸入	在深度超过1m的水中防持续浸泡影响。准确的条件由制造商针对各设备指定

二、任务实施

1. 实施准备

（1）实训物品准备

1）新能源汽车整车。

2）车辆防护用品三件套。

3）警示隔离带。

4）万用表。

5）维修手册。

6）故障诊断仪。

7）车辆举升机。

（2）安全注意事项

1）任务实施场地拉设警示隔离带。

2）关闭点火开关，断开低压蓄电池负极连接线。

3）在前机舱内放置高压安全用电警示牌。

4）严禁用手直接触摸动力电缆（橙色部分）。

5）举升车辆时，必须规范操作举升机。

2. 实施内容

记录各种电机铭牌信息。

3. 实施记录

任务实施记录单见表4-3。

表4-3　任务实施记录单

序号	名称	电机铭牌信息
1	北汽EU5	
2	荣威e50	
3	比亚迪e6	

三、任务检验

1. 自检

参与实训练习的学员自我完成质量检验。

2. 互检

由完成相同实操练习项目的学员相互进行质量检验。

3. 终检

由专职质量管理人员（教师）进行专业检查。

四、教学评估

由教师依据教学目标对教学过程及结果进行价值判断。

任务二 驱动电机及控制系统结构原理

情境导入

张先生的新能源汽车在行驶过程中，仪表突然提示驱动电机高温出现故障，于是将车辆开到 4S 店进行检修。

张先生：新能源汽车驱动电机是怎么工作的呢？

技师李：新能源汽车的驱动电机系统主要包括驱动电机和电机控制器两部分。动力蓄电池提供的高压直流电首先经过电机控制器转换为驱动电机所需的交流电，电机控制器还实时监控电机的工作温度及转速等情况，出现故障后会立即发出警告信号。

学习目标

1. 了解驱动电机及控制系统基本结构。
2. 了解电机控制器的功能及结构原理。
3. 能够分析驱动电机系统的运行数据。

一、相关知识

1. 驱动电机系统

新能源汽车的驱动电机系统主要由驱动电机（DM）和电机控制器（MCU）组成，驱动电机系统通过高低压线束、冷却管路与整车其他系统进行连接，如图 4-12 所示。

图 4-12　驱动电机系统结构

驱动电机作为车辆的唯一动力源向外输出转矩，驱动车辆前进或后退。根据车辆不同的运行状态，新能源汽车的驱动电机具有电力驱动和能量回收两种工作模式。

当车辆采用电力驱动时，动力蓄电池的高压直流电输送至电机控制器，电机控制器将直流电转换为交流电输送给驱动电机，电机运转时产生的转矩传递给驱动轮使车辆行驶。电力驱动过程如图 4-13 所示。

图 4-13　电力驱动过程

在能量回收阶段，通过车轮的旋转带动电机转动。此时电机转为发电机的功能，由电机控制器将电机产生的交流电转为直流电，然后向动力蓄电池充电，如图 4-14 所示。

图 4-14　能量回收过程

（1）驱动电机

新能源汽车驱动电机除了常见的定子、转子外，还有冷却水道、旋转变压器、高压配电盒等其他部件，驱动电机结构如图 4-15 所示。

图 4-15　驱动电机结构

（2）电机冷却系统

新能源汽车种类繁多，用途也各不相同，采用的驱动电机形式也是多种多样的，但是它们都有一个共性问题，那就是热管理问题。电机的散热方式主要有自然冷却和液体冷却两种，新能源汽车普遍采用液体冷却方式，俗称水冷。

新能源汽车电机冷却系统与传统燃油车的冷却系统很相似，只是冷却水泵为电子式，由 12V 电源驱动其运转。北汽新能源 EU260 冷却系统如图 4-16 所示。

荣威 e50 冷却系统如图 4-17 所示。

图 4-16　北汽 EU260 冷却系统

冷　　　；热

图 4-17　荣威 e50 冷却系统

判断驱动电机的发热程度是用温升而不是用温度来衡量的，当温升突然增大或超过最高工作温度时，说明电机已发生故障。电机极限工作温度是由其绝缘材料的耐热等级来决定的，电机温度传感器通常采用内埋的方式布置在电机定子线圈内部，以此检测电机的工作温度，并作为控制电子水泵是否运转的主要依据。电机温度传感器如图 4-18 所示。

电机温度传感器为负温度系数传感器，电机温度过高可能导致电机严重损坏，当出现这种情况时应立即靠边停车。电机温度过高，车辆会进入跛行模式，限制转矩输出或强制停机。以吉利帝豪 EV450 车型为例，当电机控制器监测到驱动电机温度传感器显示 120℃≤温度＜140℃时，降功率运行；温度≥140℃时，降功率至 0，即停机状态。

（3）旋转变压器

旋转变压器是一种电磁式传感器，又叫同步分解器，简称旋变。用来测量驱动电机的转轴角位移和角速度，由激励绕组、余弦绕组和正弦绕组组成。旋转变压器如图 4-19 所示。

图 4-18　电机温度传感器

图 4-19　旋转变压器

2. 电机控制器

（1）电机控制器功能

电机控制器是驱动电机系统的控制中心，又叫智能功率模块，简称 MCU。北汽 EV200 电机控制器如图 4-20 所示。长城 WEY P8 电机控制器如图 4-21 所示。

MCU 的主要功能是控制电机的旋转速度、旋转方向以及再生能量回收。此外，电机控制器还要对电流传感器、电压传感器、温度传感器等输入信号进行处理，并将驱动电机系统的运行状态通过 CAN 总线发送给整车控制器。

（2）电机控制器结构

电机控制器以 IGBT 模块（绝缘栅双极型晶体管）为核心，主要由控制板、冷却水道、UVW 高压插件、直流高压插件、IGBT 模块及驱动板组成，电机控制器结构如图 4-22 所示。

电机控制器内部设有故障诊断电路，当诊断出系统异常时会激活一个错误代码，发送给整车控制器，同时也会存储该故障码和数据。

图 4-20　北汽 EV200 电机控制器

图 4-21 长城 WEY P8 电机控制器

8、电机控制器拆装

控制板　水道

UVW高压插件
直流高压插件

IGBT模块及驱动板

图 4-22 电机控制器结构

（3）电机控制器原理

电机控制器是通过调节电压大小、频率高低、相位变化等参数来控制电机的运转，即通过相应的电力转换来控制电机工作。所谓的电力转换就是直流与交流、电压与频率的转换。电力转换形式有交流→直流转换、直流→交流转换、直流→直流转换和交流→交流转换，如图 4-23 所示。

交流
AC

PWM变换器
整流器

直流
DC

断路器
DC/DC变换器
循环变换器
矩形变换器

DC
直流

变换器

AC
交流

图 4-23 电力转换形式

电机控制器接收档位开关、加速踏板位置、旋转变压器、制动等信号，经过判断和逻辑运算之后控制电机的正反转以及转速。电机控制器工作框架如图 4-24 所示。电机控制器主要包括控制电路板和驱动电路板两部分。控制电路板以信号采集、旋转变压器解码、模数转换以及 CAN 通信功能为主，并计算出所需占空比，产生正弦 PWM（脉宽调制）信号。驱动电路板以电源控制、功率调节为主，通过 IGBT 向驱动电机输送 U、V、W 三相交流电。

图 4-24 电机控制器工作框架

IGBT 是由 BJT（双极型三极管）和 MOS（绝缘栅型场效应管）组成的复合全控型电压驱动式功率半导体器件。与其他电子元器件相比，IGBT 具有输入阻抗高、开关速度快、驱动电路简单、承受电压高、导通电流大等优点，已经广泛用于各种变频器和调速电路中。

IGBT 最常见的应用形式不是单管而是模块，将多个 IGBT 芯片以绝缘的方式组装到金属基板上，利用空心塑料壳封装。IGBT 模块如图 4-25所示。

多个 IGBT 芯片并联后的电流规格更大，按照特定的电路形式进行组合可以减少外部电路连接的复杂性。把多个 IGBT 芯片布置在同一个金属基板上，相当于在独立的散热器与 IGBT 芯片之间增加了一块均热板，工作更可靠。模块中多个 IGBT 芯片之间的内部连接与多个独立的单管进行外部连接相比，大大简化了电路布局，并且模块的外部引线端子更适合高电压和大电流连接。

图 4-25 IGBT 模块

新能源汽车电机控制器主要是通过脉冲宽度调制（PWM）的方式控制 IGBT 工作，从而将电流从 DC 转换到 AC（动力蓄电池到驱动电机）或者从 AC 转化到 DC（驱动电机到动力蓄电池）。IGBT 控制电路如图 4-26 所示。

图 4-26 IGBT 控制电路

3. 电机系统数据流分析

利用诊断仪可以读取驱动电机转速、IGBT 模块温度、驱动电机温度以及电压电流等数据。新能源汽车实车运行数据如图 4-27 和图 4-28 所示（以北汽新能源汽车为例）。

例>> EV160—2016款 >> 系统选择 >> 驱动电机系统(MCU)(2017年4月1日以前生产) >> 数据流

名称	当前值	单位
直流母线电压	328.00	V
直流母线电流	0.32	A
驱动电机目标转矩命令	0.00	N·m
驱动电机目标转速命令	-1.0	rpm
驱动电机当前转矩	0.00	N·m
驱动电机当前转速	-0.4	rpm
A相IGBT模块当前内部温度	33	℃
B相IGBT模块当前内部温度	33	℃
C相IGBT模块当前内部温度	33	℃
MCU当前散热底板温度	45	℃
驱动电机当前温度	29	℃
D轴电流给定值	0.00	A
D轴电流反馈值	1.16	A
Q轴电流给定值	0.00	A
Q轴电流反馈值	-0.12	A
D轴电压	1.28	V

图 4-27 驱动电机系统数据流（1）

例>> EV160—2016款 >> 系统选择 >> 驱动电机系统(MCU)(2017年4月1日以前生产) >> 数据流

名称	当前值	单位
Q轴电压	17.80	V
转子位置电角度	72.0	°
转子位置初始角度	321.0	°
MCU低压供电电源电压	14.28	V

图 4-28 驱动电机系统数据流（2）

二、任务实施

1. 实施准备

（1）实训物品准备

1）新能源汽车整车。

2）车辆防护用品三件套。

3）警示隔离带。

4）万用表。

5）维修手册。

6）故障诊断仪。

7）车辆举升机。

（2）安全注意事项

1）任务实施场地拉设警示隔离带。

2）关闭点火开关，断开低压蓄电池负极连接线。

3）在前机舱内放置高压安全用电警示牌。

4）严禁用手直接触摸动力电缆（橙色部分）。

5）举升车辆时，必须规范操作举升机。

2. 实施内容

1）旋转变压器检测。

2）驱动电机系统数据流读取。

3. 实施记录

1）检测旋转变压器，任务实施记录单（1）见表 4-4。

表 4-4　任务实施记录单（1）

序号	绕组名称	北汽 EU5	荣威 e50	比亚迪 e6
1	励磁绕组			
2	正弦绕组			
3	余弦绕组			

2）读取驱动电机系统数据流，任务实施记录单（2）见表 4-5。

表 4-5　任务实施记录单（2）

序号	数据流名称	当前值	单位
1	直流动力电缆电压		V
2	直流动力电缆电流		A
3	驱动电机目标转矩命令		N·m
4	驱动电机目标转速命令		r/min
5	驱动电机当前转矩		N·m
6	驱动电机当前转速		r/min
7	A 相 IGBT 模块当前温度		℃
8	B 相 IGBT 模块当前温度		℃
9	C 相 IGBT 模块当前温度		℃
10	MCU 当前散热底板温度		℃
11	驱动电机当前温度		℃
12	MCU 低压供电电压		V

三、任务检验

1. 自检

参与实训练习的学员自我完成质量检验。

2. 互检

由完成相同实操练习项目的学员相互进行质量检验。

3. 终检

由专职质量管理人员（教师）进行专业检查。

四、教学评估

由教师依据教学目标对教学过程及结果进行价值判断。

任务三　驱动电机及控制系统故障维修

情境导入

张先生的新能源汽车在行驶过程中，突然仪表上一个故障警告灯点亮了，于是将车辆开至4S店进行检修。

张先生：这故障灯点亮是什么意思呢？

技师王：这个故障灯点亮代表的是驱动电机温度过高，当驱动电机的温度过高时会自动点亮该故障灯。此时系统会降低车辆的输出功率，进入跛行模式，如果驱动电机的温度继续升高，则中断动力输出，车辆将无法行驶。

学习目标

1. 能够完成电机控制器总成拆装。
2. 能够完成驱动电机绕组检测。

一、相关知识

1. 电机控制器总成拆装

电机控制器主要有电动 / 发电模式控制、转矩控制、故障检测与保护、CAN 通信以及诊断功能。常见故障有内部传感器损坏、控制电路板失效、IGBT 模块失效等。故障现象均为车辆无法行驶，同时仪表上面的电机故障灯点亮。以北汽新能源 EV200 车型为例，电机控制器拆装步骤如下（先穿戴好高压安全防护用品）：

1）关闭点火开关，拆卸低压蓄电池负极，并用绝缘胶带包裹蓄电池负极连接线。

2）完成高压断电、验电与放电操作（有维护插接器的，一定要先拆卸维护插接器）。

3）放出冷却液，拆卸电机控制器冷却液管路，如图 4-29 所示。

4）拆卸电机控制器低压线束，如图 4-30 所示。

图 4-29　拆卸电机控制器冷却液管路

图 4-30　拆卸电机控制器低压线束

5）拆卸电机控制器高压线束，并用万用表测量有无剩余电压，利用放电工装释放剩余电压。

6）拆卸电机控制器的固定螺栓，然后取下电机控制器。

7）检查电机控制器线束插接件端子有无弯曲变形或导线环脱落现象，如图 4-31 所示。

8）按照与拆卸相反的顺序安装电机控制器，然后添加同型号的冷却液至规定的液面高度。

9）车辆复位后打开点火开关，检查上电是否正常，路试车辆运转是否正常。

2. 驱动电机检测

驱动电机检测主要有缺相检测和绝缘检测两种。当在整车上进行驱动电机的任何检测项目前，必须要穿戴高压安全防护用品，断开低压蓄电池负极，拆下维护插接器，并释放高压部件的剩余电压，严禁带电操作。以江淮 iEV6S 车型驱动电机为例，如图 4-32 所示。

（1）电机缺相检测

电机缺相是指电机内部某相绕组线圈发生不通电，阻值过大或过小的故障，其主要原因为某相线圈烧蚀、断路或线束插接件端子烧蚀等。

1）拆卸驱动电机高压配电盒盖板。

图 4-31　检查电机控制器线束插接件端子

图 4-32　江淮 iEV6S 驱动电机

2）检查电机动力电缆接头有无烧蚀现象，如图 4-33 所示。

3）拆卸 U、V、W 三相线，用万用表电阻档分别测量 AB、BC、AC 之间的阻值，相互之间的差值大于 0.5Ω 即判定为电机缺相，需要更换驱动电机。

（2）电机绝缘检测

电机发生绝缘故障通常是由于电机内部进水、绝缘层受热失效或绕组烧蚀对地短路等原因引起的。当电机发生绝缘故障时，往往会报出电机控制器故障或整车绝缘故障，进行电机绝缘检测时必须断开高压线路，用兆欧表对其进行绝缘检测。

1）打开电机配电盒盖板，拆卸动力电缆，将动力电缆与安装底座完全分离，如图 4-34 所示。

2）绝缘表选择测试电压 500V 量程，分别测量三相绕组的对地绝缘阻值，测试结果均应大于 20MΩ。若低于此值，说明驱动电机损坏，需进行更换。

图 4-33　检查电机动力电缆接头

图 4-34　拆卸动力电缆

3. 电机控制器常见故障维修

电机控制器常见故障及维修方法见表 4-6。

表 4-6　电机控制器常见故障及维修方法

序号	故障现象	可能原因	维修方法
1	电机运行不平稳，发生抖动	1. 相序不对 2. 电机缺相 3. 位置传感器故障	1. 检查控制器与电机的三相出线连接是否正确，是否与出线上的标记对应 2. 检查控制器与电机三相接线可靠连接 3. 检查电机位置信号连线是否完好，插头是否接触良好，以及线束插接件端子是否完好
2	踩下加速踏板，电机不转	1. 控制信号未输入 2. 位置传感器故障 3. 控制器温度过高	1. 检查各开关信号是否到达控制器，以及加速踏板位置传感器供电是否正常，输出是否正常 2. 检查电机位置传感器连线是否完好，插头是否接触良好，以及线束插接件端子是否完好 3. 控制器温度过高将触发过温保护，等待控制器温度下降到正常值，并检查风扇
3	档位挂上后，在未踩加速踏板的情况下电机开始旋转，或踩加速踏板时感觉空行程过大	1. 加速踏板位置传感器输出电压过高 2. 加速踏板位置传感器输出电压过低	更换符合控制器要求的加速踏板位置传感器

（续）

序号	故障现象	可能原因	维修方法
4	仪表无档位和转速信号，车辆可以正常运行	1. 电机控制器CAN总线通信故障 2. 仪表故障 3. 线束故障	1. 检查电机控制器插接件是否接触良好，以及线束插接件端子是否完好 2. 检查仪表及线束是否正常
5	没有故障码，车辆不能运行	1. 电机控制器故障 2. 换档机构故障 3. 制动踏板故障	1. 检查电机控制器插接件是否接触良好，线束插接件端子是否完好 2. 将变速杆换至前进档或倒档，检查档位信号是否正常，否则为换档机构故障 3. 在不踩制动踏板的情况下，检查制动信号是否有12V信号，如果有则说明制动踏板有故障
6	电机控制器有异响	电机控制器风扇	检查电机控制器风扇的防护罩，是否有凹陷或松动
7	车辆正常运行过程中，突然出现动力中断，或者车辆时而能运行时而不能运行	1. 电机控制器 2. 换档机构 3. 制动踏板	1. 在故障出现时查看故障码，确认故障 2. 将档位分别置于空档、D档和R档，看仪表显示是否正确，若不正确，则检查档位控制器 3. 检查制动踏板信号发生故障时电压是否为12V

注：如需拔插电机控制器上高压插接件时，必须在点火开关打到OFF位置，并拆卸低压蓄电池负极，断开动力蓄电池高压25s后确定系统已断电，再进行相关操作。如遇到其他情况不能确认原因，请及时联系厂家相关技术人员。

4. 驱动电机常见故障维修

驱动电机常见故障及维修方法见表4-7。

5. 减速器常见故障维修

减速器常见故障及维修方法见表4-8。

表4-7　驱动电机常见故障及维修方法

序号	故障现象	可能原因	维修方法
1	车辆无法运行，报故障码	1. 相序不对或三相插接件未接好 2. 电机旋转，变压器线或插接件损坏	1. 检查电机控制器与电机的三相线连接是否正确，是否与出线上的标记对应 2. 检查控制器与电机三相线连接是否牢固 3. 检查电机位置信号连线是否完好，插头是否接触良好，线束插接件端子是否完好 4. 若故障码一直存在，则有可能是控制器出现故障
2	起动车辆抖动，无法加速	1. 相序不对或三相插接件未接好 2. 电机传感器位置偏离	1. 检查电机控制器与电机的三相线连接是否正确，是否与出线上的标记对应 2. 检查控制器与电机三相线是否牢固 3. 若确认电机插接件都没有问题，则说明电机位置传感器偏离，否则说明电机有故障
3	车辆加速时或速度在50~80km/h出现"嗡嗡"的剧烈异响	电机轴承损坏	若加速时发生异响，一般电机故障的可能性较大；若只在滑行时产生异响，加速时没有，则说明减速器出现故障的可能性较大
4	车辆无法运行，检测发现绝缘故障	1. 电机三相线绝缘故障 2. 电机内部绕组绝缘故障	确定为电机故障
5	电机漏油	1. 电机油封损坏 2. 减速器与电机装配螺栓松动	1. 检查漏油点部位，如在电机与减速器连接端面处，则检查螺栓松动 2. 如果漏油处在电机端盖与电机机壳缝隙处，则可能为电机油封损坏，需更换油封并清理电机内部（该故障一定要及时处理，以免减速器油进入电机内部损坏电机轴承和绕组）

表 4-8　减速器常见故障及维修方法

序号	故障现象	可能原因	维修方法
1	噪声过大或异响	1. 缺油，润滑不良 2. 齿轮油黏度低 3. 齿面损伤或磨损过大造成齿侧间隙过大 4. 轴承损坏 5. 减速器箱体受压或撞击变形 6. 若转弯时噪声增大或声音异常，为减速器内齿轮啮合不良、受阻、磨损、缺油等	更换减速器
2	电机转，但是车轮不转	1. 齿轮组合件配合过松打滑 2. 减速器内的行星齿轮啮合不良（磨损过大）而打滑 3. 行星齿轮轴断裂	更换减速器
3	减速器漏油	从电机端漏油： 1. 油封紧箍弹簧掉出 2. 油封主唇破损或磨损	更换油封
		减速器箱体盖之间的端面漏油： 1. 减速器箱体之间的衬垫损坏 2. 减速器箱体或箱盖端面不平整，有凸点 3. 减速器箱体或箱盖扭曲变形 4. 减速器箱体之间的固定螺栓松动	更换减速器壳体
		半轴接合处漏油： 跟半轴配合的骨架油封损坏	更换油封

二、任务实施

1. 实施准备

（1）实训物品准备

1）新能源汽车整车。

2）车辆防护用品三件套。

3）高压安全防护用品。

4）警示隔离带。

5）车辆举升机。

6）维修手册。

7）绝缘工具。

8）放电工装。

9）万用表。

10）绝缘表。

（2）安全注意事项

1）任务实施场地拉设警示隔离带。

2）关闭点火开关，断开低压蓄电池负极连接线。

3）在前机舱内放置高压安全用电警示牌。

4）拆卸维护插接器，并等待 10min 以上。

5）严禁用手直接触摸动力电缆（橙色部分）。

6）举升车辆时，必须规范操作举升机。

2. 实施内容

1）电机控制器电路图拆画。

2）电机缺相和绝缘检测。

3. 实施记录

1）电机控制器电路原理图如图 4-35 所示。

图 4-35　电机控制器电路原理图

　　2）驱动电机检测。完成驱动电机的缺相检测和绝缘检测，然后填写任务实施记录单，见表 4-9。

表 4-9　任务实施记录单

序号	绕组名称	缺相检测	绝缘检测
1	AB 绕组		
2	BC 绕组		
3	AC 绕组		

三、任务检验

1. 自检
参与实训练习的学员自我完成质量检验。

2. 互检
由完成相同实操练习项目的学员相互进行质量检验。

3. 终检
由专职质量管理人员（教师）进行专业检查。

四、教学评估

由教师依据教学目标对教学过程及结果进行价值判断。

复习题

一、填空题

1. 电机是指依据_____原理实现电能转换的一种电磁装置，它的主要作用是产生驱动转矩，作为各种机械的动力源。

2. 用来形成 N 极和 S 极的绕组称为励磁绕组，励磁绕组中的电流称为_____。

3. _____又叫异步电机，即转子置于旋转磁场中，在旋转磁场的作用下，获得一个转动力矩使转子转动。

4. 新能源汽车的驱动电机系统主要由_____和_____组成，驱动电机系统通过高低压线束、冷却管路与整车其他系统进行连接。

5. 新能源汽车在_____阶段，通过车轮的旋转带动电机转动。

6. 旋转变压器是一种_____传感器，又叫同步分解器，简称旋变。用来测量驱动电机的转轴角位移和角速度，由激励绕组、余弦绕组和正弦绕组组成。

二、选择题

1. 根据工作电源不同，电机可分为（　　）。

A. 直流电机　　　B. 交流电机　　　C. 大电流电机　　　D. 小电流电机

2. 电动汽车对于驱动电机的主要技术要求有（　　）等。

A. 安全性高　　　B. 转矩和调速范围大　　　C. 效率高　　　D. 成本低

3. 在电机的 N 极和 S 极之间有一个能绕轴旋转的圆柱形铁心，上面缠绕的线圈称为（　　）。

A. 铁心绕组　　　B. 顺时针绕组　　　C. 逆时针绕组　　　D. 电枢绕组

4. 永磁同步电机首先给定子绕组通入三相交流电，在通入电流后就会在电机的定子绕组中形成（　　）。

A. 转矩　　　B. 旋转磁场　　　C. 电动势　　　D. 推力

5. 交流感应电机首先通过（　　）产生旋转磁场，转子绕组切割磁感线产生感应电动势，从而使转子绕组中产生感应电流。

A. 线圈　　　B. 定子　　　C. 转子　　　D. 电流

6. 电机基速是指电机的（　　），当电机励磁绕组中通入额定的励磁电压或励磁电流，且此时电机带的负载为额定值，这时的电机转速即基速。

A. 调速范围　　　B. 额定转速　　　C. 最高转速　　　D. 固定速度

三、判断题

1. 驱动电机系统是电动汽车的三大核心部件之一，是车辆行驶的执行机构，其特性决定了车辆的主要性能指标，直接影响车辆的动力性、经济性和用户驾乘感受。（　　）

2. 根据结构和工作原理不同，电机可分为直流电机、异步电机和同步电机。（　　）

3. 永磁同步电机采用永磁体来产生气隙磁通量，永磁体代替了直流电机中的磁场线圈和感应电机中定子的励磁体。（　　）

4. 电机根据转矩产生原理不同，可大致分为由电磁作用原理产生转矩和由磁阻变化原理产生转矩两类。（　　）

5. 电机的散热方式主要有自然冷却和液体冷却两种，新能源汽车普遍采用液体冷却方式，俗称水冷。（　　）

6. 电机控制器是驱动电机系统的控制中心，又叫智能功率模块，简称 MCU。（　　）

整车控制系统

任务一　整车控制系统认知

情境导入

某品牌的新能源汽车4S店在维修一辆事故车，整车控制器被撞坏了需要更换。

学徒李：这个整车控制器在车上起什么作用呢？

技师王：小李呀，你可别小瞧了这个整车控制器，它就相当于人的大脑，是新能源汽车的三大核心部件之一。整车控制器负责收集车辆的各种控制信号和运行数据，经过一系列的运算后发出控制指令，驱动车辆运行和动力蓄电池充电等。

学习目标

1. 了解整车控制功能。
2. 了解整车控制策略。

一、相关知识

1. 整车控制功能

整车控制器（VCU也称VBU）是新能源汽车的三大核心部件之一，是整个车辆的控制中心。荣威e50和北汽EV200整车控制器分别如图5-1和图5-2所示，其主要功能是根据驾驶人的操作意愿和各系统实时状态，通过运算分析后做出决策，合理分配动能，控制车辆充电、加减速、能量回收以及故障检测等工作，使车辆运行在最佳状态。

图 5-1　荣威 e50 整车控制器

图 5-2　北汽 EV200 整车控制器

整车控制器的工作流程是：首先进行工况判断，然后计算出转矩需求并发出控制指令，各系统将实时运行信息反馈给 VCU，以此来修正控制指令，信息传送采用 CAN 总线模式。整车控制系统的控制模式通常分为正常模式、跛行模式和停机保护模式三种。

（1）正常模式

正常模式是指车辆按照驾驶人的操作意愿、车辆负载以及行驶环境的变化，能够自行调节车辆的动力性、经济性和舒适性，是车辆的正常行驶状态。

（2）跛行模式

跛行模式是指当车辆的某个系统出现中度故障时，系统此时将不采纳驾驶人的加速请求，启动跛行模式即备用模式，此时最高车速通常在 10km/h 左右，可以维持车辆缓慢行驶至维修网点。

（3）停机保护模式

停机保护模式是当车辆的某个系统出现严重故障时，整车控制器此时无法控制车辆行驶，只能进入停机状态。

2. 整车控制策略

整车控制器通过各种传感器及控制器反馈的信息，判断当前车辆所处的运行状态，合理控制整车运行情况，整车控制系统结构如图 5-3 所示。

图 5-3　整车控制系统结构

（1）起停控制

点火开关置于 ON 档时，向 VCU 输送 12V 唤醒信号，VCU 控制主继电器给电机控制器和动力蓄电池控制器供电，同时通过 CAN 总线发送相关命令，完成整车系统起动。

（2）高压供电控制

当整车控制器接收到上电开关、直流充电桩、车载充电机或远程智能终端的唤醒信号后，直接控制高压继电器吸合或断开，接通或断开高压系统。

（3）电机驱动控制

整车控制器根据加速踏板位置信号、档位信号和车速信号计算车辆的目标转矩，并通过 CAN 总线发送转矩需求指令给电机控制器。

（4）再生能量回收控制

再生能量回收是在车辆滑行或制动过程中，电机从驱动状态转变为发电状态，将车辆的动能转换为电能储存在动力蓄电池中。当车辆在滑行或制动时，VCU 根据 ABS 状态、动力蓄电池状态和制动踏板位置等信号，计算再生能量回收转矩并发送指令给电机控制器，启动再生能量回收功能。

（5）节能模式控制

整车控制器会根据电机状态、加速或制动踏板状态、空调状态、停车状态和节能（ECO）指令判断车辆是否能够进入节能模式。在 ECO 模式下，整车的加速性能会有所减弱，在滑行和制动过程中会加大再生能量回收效果。

（6）交流充电控制

当整车控制器判断车辆处于慢充模式时，根据动力蓄电池的充电需求，向车载充电机发送充电指令，动力蓄电池开始充电。

（7）快充控制

当车辆与快充设备连接时，充电设备发送充电唤醒信号给整车控制器，然后整车控制器根据充电需求向快充设备发送充电指令，动力蓄电池开始充电。

（8）冷却系统控制

在车辆行驶状态下，整车控制器根据电机温度、IGBT温度、冷却液温度和空调状态等信号，控制电子冷却水泵与散热风扇的运转。

（9）动力切断控制

当新能源汽车发生碰撞、绝缘故障、动力蓄电池过温／过压、驱动电机过流／过温等严重故障时，整车控制器会及时切断高压电路上的继电器，使动力蓄电池停止输出电流，以确保人员和车辆的安全。

（10）DC/DC 变换器控制

新能源汽车的基础电气系统仍然采用 12V 供电，是由低压蓄电池进行供电的。整车控制器随时监测低压蓄电池的电量，当电压降至设定值时，会控制高压系统上电，通过 DC/DC 变换器给 12V 低压蓄电池充电。

（11）远程控制

用户使用智能手机将远程控制指令通过 GPRS/SMS 传送到车载远程智能终端，控制车辆相关部件实现远程查询、远程空调和远程充电功能。执行远程充电控制时，充电电缆必须先连接至车辆，且车辆必须处于无线信号能够覆盖的位置。

新能源汽车以整车控制器为核心，实时收集各系统的运行数据，经运算后发出控制指令，并监控运行状态，如有异常，立即启动故障模式。整车控制系统逻辑关系如图 5-4 所示。

图 5-4 整车控制系统逻辑关系

3. 整车控制原理

（1）ON 档唤醒

当点火开关置于 ON 位时，VBU 集成控制器和 RMS 数据采集终端均会收到唤醒信号，使其开始工作，如图 5-5 所示。

图 5-5　ON 档唤醒

（2）慢充唤醒

当车辆与慢充桩连接完成后，首先激活车载充电机，然后由车载充电机给 VBU 集成控制器和 RMS 数据采集终端发送慢充唤醒信号，如图 5-6 所示。

图 5-6　慢充唤醒

（3）远程控制唤醒

车辆远程控制功能被激活以后，由 RMS 数据采集终端向 VBU 集成控制器发送远程唤醒信号，如图 5-7 所示。

图 5-7 远程控制唤醒

（4）档位检测

换档控制器向 VBU 集成控制器输送 4 路电压信号，通过不同的高低电压档位组合判断车辆的档位状态，档位检测如图 5-8 所示。

图 5-8 档位检测

（5）加速踏板位置检测

加速踏板位置传感器采用两组信号结构，同时向VBU集成控制器输送信号，如图5-9所示。信号1和信号2的电压随着加速踏板开度的增大而上升，两个信号成倍数关系。

图5-9 加速踏板位置检测

（6）真空泵控制

点火开关打开后，真空压力传感器持续向VBU集成控制器发送制动系统真空管路压力，当压力小于设定值时，由集成控制器驱动真空泵运转，如图5-10所示。

图5-10 真空泵控制

二、任务实施

1. 实施准备

（1）实训物品准备

1）新能源汽车整车。

2）车辆防护用品三件套。

3）警示隔离带。

4）故障诊断仪。

5）维修手册。

（2）安全注意事项

1）任务实施场地拉设警示隔离带。

2）严禁用手直接触摸动力电缆（橙色部分）。

3）静态读取车辆运行数据，严禁上路行驶车辆。

4）将车辆停放平稳，拉紧驻车制动器，车辆前后禁止站人。

9、车辆运行数据读取

2. 实施内容

1）整车上电过程原理图拆画。

2）整车控制系统数据流读取。

读取整车控制系统数据流，实车读取的整车控制系统数据流如图 5-11 所示。

新能源 >> 车辆选择 >> EV系列 >> EV160—2016款 >> 系统选择 >> 整车控制器(VCU) >> 数据流

名称	当前值	单位
整车状态	30	
里程读数	63	**km**
供电电压	13.6	V
加速踏板开度	0%	
制动踏板信号	释放	
档位信号	E	
整车模式变量	运行	
母线电流	2.72	A
驱动电机目标转矩命令	13.00	N·m
驱动电机目标转速命令	0.8	**r/min**
驱动电机当前转矩	13.00	N·m
驱动电机当前转速	396.2	**r/min**
电压V1(动力蓄电池正负极继电器内侧)	325.00	V
电压V2(动力蓄电池负极继电器外侧,正极继电器内侧)	325.00	V
电压V3(动力蓄电池正负极继电器外侧)	327.00	V

图 5-11　整车控制系统数据流

3. 实施记录

1）查阅维修手册，完成整车上电过程原理图拆画，如图 5-12 所示。

2）读取整车控制系统数据流，并填写任务实施记录单，见表 5-1。

图 5-12　整车上电过程原理图

表 5-1　任务实施记录单

序号	项目名称	当前值	单位
1	整车状态		
2	里程读数		km
3	供电电压		V
4	加速踏板开度		%
5	制动踏板信号		
6	档位信号		
7	整车模式变量		
8	动力电缆电流		
9	驱动电机目标转矩命令		N·m
10	驱动电机目标转速命令		r/min
11	驱动电机当前转矩		N·m
12	驱动电机当前转速		r/min
13	电压 V1		V
14	电压 V2		V
15	电压 V3		V

三、任务检验

1. 自检

参与实训练习的学员自我完成质量检验。

2. 互检

由完成相同实操练习项目的学员相互进行质量检验。

3. 终检

由专职质量管理人员（教师）进行专业检查。

四、教学评估

由教师依据教学目标对教学过程及结果进行价值判断。

任务二　高压附属系统

情境导入

某品牌新能源汽车 4S 店在承修一辆事故车。

学徒李：这辆车的快充电缆撞断了，能用普通电缆替代吗？

技师王：新能源汽车高压系统有着几百伏的高压直流电，采用的绝缘材料要求极为严格。另外，由于汽车是一个不断高速运动的装置，行车环境也在不断地进行着温度高低和湿度大小的交替变化，所以还要求车辆自带绝缘检测功能，因此新能源汽车高压系统的零部件必须严格按照厂家要求进行更换。

学习目标

1. 了解新能源汽车高压系统结构。
2. 了解高压配电盒的结构原理。
3. 了解 DC/DC 变换器的结构原理。
4. 了解高压互锁的结构原理。

一、相关知识

1. 高压系统结构

新能源汽车的高压系统主要包括动力蓄电池、高压配电盒、快充线束、电机控制器、慢充线束、充电机、DC/DC 变换器、PTC 加热器以及空调压缩机等部件，如图 5-13 所示。

图 5-13　高压系统结构

特斯拉电动汽车高压系统组成如图 5-14 所示。

图 5-14　特斯拉电动汽车高压系统组成

2. 高压配电盒

高压配电盒简称高压盒，是新能源汽车的整车配电装置。来自于动力蓄电池的高压直流电通过高压盒实现电源分配、接通以及断开的功能控制。高压盒外部连接线路如图 5-15 所示（以比亚迪 e6 为例）。

3. DC/DC 变换器

DC/DC 变换器的主要作用是取代传统燃油车上面的 12V 发电机，在行车过程中控制动力蓄电池向低压 12V 蓄电池充电，以满足车辆运行时低压用电设备的需要。广泛应用在 HEV、PHEV 和 EV 系统中，功率范围为 1.5 ~ 2.5kW。DC/DC 变换器主要有高压输入端、低压控制端、低压输出正极和低压输出负极四个线束插接件，如图 5-16 所示。

图 5-15　比亚迪 e6 高压盒外部连接线路

10、DC/DC 变换器拆装

图 5-16　DC/DC 变换器线束插接件

DC/DC 变换器常见故障及维修方法见表 5-2。

表 5-2　DC/DC 变换器常见故障及维修方法

序号	故障现象	可能原因	维修方法
1	工作指示灯正常，测量输出端无电压输出	DC/DC 变换器输出端熔丝熔断	1. 点火开关 OFF 25s 后，断开 DC/DC 变换器输出端正负极与 12V 铅酸蓄电池的连接 2. 再打开点火开关到 ON 档，检测 DC/DC 变换器输出端电压。若输出 ≤ 13V，则判定 DC/DC 变换器故障
2	DC/DC 变换器输出电压正常，工作指示灯显示不正常	DC/DC 变换器内部工作指示灯的驱动电路故障	1. 点火开关 OFF 25s 后，断开 DC/DC 变换器输出端正负极与 12V 铅酸蓄电池的连接 2. 再打开点火开关到 ON 档，检测 DC/DC 变换器输出端电压。若输出电压正常（>13V），指示灯仍不正常，则判定为 DC/DC 变换器故障
3	DC/DC 变换器无电压输出	1. DC/DC 变换器熔丝熔断或 DC/DC 变换器继电器未吸合 2. DC/DC 变换器输入欠压保护 3. DC/DC 变换器故障	1. 点火开关 OFF 25s 后，首先断开 DC/DC 变换器输出端正负极与 12V 铅酸蓄电池的连接，再打开点火开关到 ON 档，检查 DC/DC 变换器是否正常工作 2. 若 DC/DC 变换器仍不工作，再将点火开关 OFF 25s 后，断开 DC/DC 变换器高压输入端插接件，然后再打开点火开关，测量 DC/DC 变换器高压线束端电压 3. 若高压输入端电压 <200V，则 DC/DC 变换器熔丝熔断或继电器未吸合 4. 若高压输入端电压 <250V，则可能为 DC/DC 变换器欠压保护，检查动力蓄电池电压是否正常 5. 若高压输入端电压 >250V，说明 DC/DC 变换器故障

注意：测量高压输入端时，必须佩戴高压安全防护用品，非专业人士禁止操作。

4. 高压互锁

高压互锁（HVIL），也叫危险电压互锁回路，是指通过使用低压信号来监测新能源汽车上所有与高压动力电缆相连的各部分电路。高压互锁装置由高压电路、信号回路以及监测器等部件组成，如图 5-17 所示。当新能源汽车的动力蓄电池、DC/DC 变换器、电机控制器、高压盒以及空调等高压系统连接的完整性遇到破坏时，车辆会及时启动安全措施，发出警告信号并切断高压电路，确保人员和车辆的安全。

图 5-17　高压互锁装置

二、任务实施

1. 实施准备

（1）实训物品准备

1）新能源汽车整车。

2）高压安全用电警示牌。

3）高压安全防护用品。

4）车辆防护用品。

5）警示隔离带。

6）车辆举升机。

7）维修手册。

8）绝缘工具。

9）万用表。

（2）安全注意事项

1）任务实施场地拉设警示隔离带。

2）关闭点火开关，断开低压蓄电池负极连接线。

3）在前机舱内放置高压安全用电警示牌。

4）严禁用手直接触摸动力电缆（橙色部分）。

5）举升车辆时，必须规范操作举升机。

2. 实施内容

1）高压互锁装置认知。

2）整车控制器线束插接件端子定义查找。

3. 实施记录

（1）高压互锁装置认知

1）动力蓄电池互锁端子如图 5-18 所示。

11、高压
电缆拆装

图 5-18 动力蓄电池互锁端子

2）电机控制器互锁端子如图 5-19 所示。

3）高压盒互锁端子如图 5-20 所示。

图 5-19 电机控制器互锁端子

图 5-20 高压盒互锁端子

（2）整车控制器线束插接件端子定义查找

1）荣威 e50 整车控制器端子如图 5-21 所示。

2）奇瑞新能源 eQ1 整车控制器端子如图 5-22 所示。

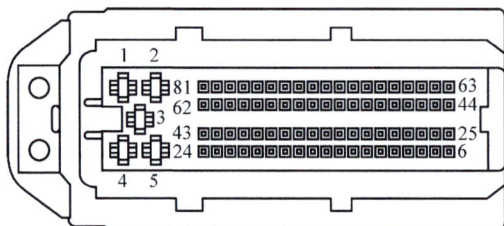

图 5-21　荣威 e50 整车控制器端子

图 5-22　奇瑞新能源 eQ1 整车控制器端子

三、任务检验

1. 自检

参与实训练习的学员自我完成质量检验。

2. 互检

由完成相同实操练习项目的学员相互进行质量检验。

3. 终检

由专职质量管理人员（教师）进行专业检查。

四、教学评估

由教师依据教学目标对教学过程及结果进行价值判断。

任务三　CAN 总线系统

情境导入

张先生的新能源汽车在停放一周后出现无法起动故障，将车辆拖至 4S 店进行检修。

张先生：这辆车为什么不能起动了呢？

技师李：打开点火开关，仪表上的 READY 灯不亮，并且动力蓄电池的故障灯点亮。这说明车辆高压上电不正常，用诊断仪读取车辆故障信息，出现无法进行通信的提示，应先检修车辆的 CAN 总线系统。

学习目标

1. 了解汽车 CAN 总线的工作原理。
2. 了解新能源汽车 CAN 总线结构。

一、相关知识

1. 汽车 CAN 总线的工作原理

汽车 CAN 总线又称 CAN-BUS，是控制器局域网的缩写。它最早是由德国的博世公司及几个半导体生产商开发的，CAN 总线属于现场总线的范畴，是一种串行通信网络。

传统的信号传输方式为一对一控制，在每一根线路上只能传送互相独立的信号，如图 5-23 所示。随着车辆用电设备的增多，独立信号传输的方式使得汽车线束的数量不断增多、布线复杂、可靠性降低、维修起来也很困难。

图 5-23　传统信号传输方式

CAN 总线数据传输方式是通过两根数据线实现双向数据传输，能够进行信息数据的大容量、高速度传输。所有的数据通过总线发送给各控制单元，由各控制单元中的信息收发器接收，然后进行相关的计算处理，如图 5-24 所示。它具有很高的网络安全性、通信可靠性、结构简单和成本低的特点，特别适用于汽车计算机控制系统。

图 5-24　CAN 总线数据传输方式

（1）CAN总线系统结构

CAN总线系统是将若干个控制单元并联到两条数据传输线上，每个控制单元内都设有一个微处理器、一个CAN控制器和一个信息收发器，除了数据传输总线以外，其他各元件都安装在各控制单元内部，如图5-25所示。

整个CAN总线系统有两个120Ω的终端电阻，分别装在两个控制单元内部，其作用是防止CAN总线信号产生反射现象。当终端电阻出现故障时，产生的线路反射信号会影响控制单元其他信号。

图 5-25 CAN总线系统结构

（2）CAN总线数据传输原理

CAN总线系统中传输的数据为二进制的数字信息，每条信息的格式都是相同的。CAN总线数据由开始域、状态域、检查域、数据域、安全域、确认域和结束域组成，如图5-26所示。

图 5-26 CAN总线数据组成

每条数据都包含提供数据、发生数据、接收数据、检查数据和接受数据五个过程。当某个控制单元通过CAN总线向整个网络发送信息时，其他控制单元会有选择地接收。网络上所有控制单元都在不断地往CAN总线上发送各种信息，这就需要通过状态域的数值来区分优先权的大小。优先权大的数据首先发送，以便重要信息能够及时地接收使用。同一控制单元发出的信息其优先权和发送频率也不完全相同，以保证重要信息优先为原则。

（3）汽车 CAN 总线系统

为了防止外界电磁场的干扰和向外辐射，CAN 总线采用 2 条导线缠绕在一起的方式，这 2 条线上的电位是相反的，分为 CAN-H 和 CAN-L 数据线。目前汽车上的网络连接方式主要采用 3 条 CAN 总线。一条用于动力驱动系统的高速 CAN 总线，传输速率达到 500kbit/s，主要连接发动机、变速器、制动系统和组合仪表等，它们都是控制与汽车行驶直接相关的系统。动力系统 CAN 总线如图 5-27 所示，H 为橙/黑色，L 为橙/棕色。

图 5-27　动力系统 CAN 总线

另一条叫作舒适系统 CAN 总线，是用于车身系统的低速 CAN 总线，传输速率为 10 ~ 125kbit/s，主要连接中控门锁与防盗装置、电动车窗、后视镜和车厢内照明灯等。舒适系统 CAN 总线如图 5-28 所示，H 为橙/绿色，L 为橙/棕色。

图 5-28　舒适系统 CAN 总线

第三条叫作信息娱乐系统 CAN 总线，它主要负责卫星导航及智能通信系统，传输速率为 100kbit/s。信息娱乐系统 CAN 总线如图 5-29 所示，H 为橙/紫色，L 为橙/棕色。

这三个独立系统的总线由于传输速率不一样，需要通过设置网关在各个 CAN 总线系统之间搭建桥梁来实现资源共享。此外，CAN 总线系统还将各个数据总线的信息反馈到仪表显示屏上，驾驶人只要看仪表就能够清楚地知道各个电控系统工作是否正常。

图 5-29　信息娱乐系统 CAN 总线

2. 新能源汽车 CAN 总线系统结构

新能源汽车 CAN 总线系统在原有本地 CAN 总线的基础上又增加了新能源 CAN 总线、动力蓄电池 CAN 总线和快充 CAN 总线，其结构与工作原理一样。以荣威 e50 车型为例，CAN 总线包括高速CAN1、高速CAN2、本地CAN1、本地CAN2和LIN总线，其系统结构如图5-30所示。

图 5-30　荣威 e50 CAN 总线结构

二、任务实施

1. 实施准备

（1）实训物品准备

1）新能源汽车整车。

2）车辆防护用品三件套。

3）高压安全用电警示牌。

4）警示隔离带。

5）维修手册。

（2）安全注意事项

1）任务实施场地拉设警示隔离带。

2）关闭点火开关，断开低压蓄电池负极连接线。

3）在前机舱内放置高压安全用电警示牌。

4）严禁用手直接触摸动力电缆（橙色部分）。

5）严禁随意起动车辆，车钥匙由专人保管。

2. 实施内容

新能源汽车CAN总线系统关联图拆画。

3. 实施记录

查阅维修手册，根据车辆的电路原理图拆画出新能源汽车CAN总线系统的关联图，如图5-31所示。

图 5-31 新能源汽车 CAN 总线系统关联图

三、任务检验

1. 自检
参与实训练习的学员自我完成质量检验。

2. 互检
由完成相同实操练习项目的学员相互进行质量检验。

3. 终检
由专职质量管理人员（教师）进行专业检查。

四、教学评估

由教师依据教学目标对教学过程及结果进行价值判断。

复 习 题

一、填空题

1. 整车控制器是新能源汽车的三大核心部件之一，通常缩写为_____。

2. _____是在车辆滑行或制动过程中，电机从驱动状态转变为发电状态，将车辆的动能转换为电能储存在动力蓄电池中。

3. 当新能源汽车的点火开关置于 ON 位时，VBU 集成控制器和 RMS 数据采集终端均会收到_____信号，使其开始工作。

4._____ 也叫危险电压互锁回路，是指通过使用低压信号来监测新能源汽车上所有与高压动力电缆相连的各部分电路。

5.CAN 总线系统中传输的数据为_____ 进制的数字信息，每条信息的格式都是相同的。

6.CAN 总线数据传输方式是通过两根数据线实现_____ 数据传输。

二、选择题

1.整车控制器的工作流程是，首先进行（　　），然后计算出转矩需求并发出控制指令。

A. 工况判断　　　　B. 加速控制　　　　C. 制动控制　　　　D. 充电控制

2.（　　）是指当车辆的某个系统出现中度故障时，系统此时将不采纳驾驶人的加速请求，启动备用模式。

A. 跛行模式　　　　B. 第二模式　　　　C. 故障模式　　　　D. 高温模式

3.整车控制器主要根据（　　）计算车辆的目标转矩，并通过 CAN 总线发送转矩需求指令给电机控制器。

A. 加速踏板位置信号　　　　　　　　B. 档位信号

C. 车速信号　　　　　　　　　　　　D. 行驶路况

4.在车辆行驶状态下，整车控制器主要根据（　　）等信号，控制电子冷却水泵与散热风扇的运转。

A. 电机温度　　　　B. IGBT 温度　　　　C. 冷却液温度　　　　D. 空调状态

5.当新能源汽车的车辆与慢充桩连接完成后，首先激活（　　）部件。

A. 车载充电机　　　　B. BMS　　　　C. VBU　　　　D. IGBT

6.新能源汽车 CAN 总线系统在原有本地 CAN 总线的基础上又增加了（　　）。

A. 舒适系统 CAN 总线　　　　　　　　B. 新能源 CAN 总线

C. 动力蓄电池 CAN 总线　　　　　　　D. 快充 CAN 总线

三、判断题

1.整车控制器主要功能是根据驾驶人的操作意愿和各系统实时状态，通过运算分析后作出决策，合理分配动能，控制车辆充电、加减速、能量回收以及故障检测等工作，使车辆运行在最佳状态。（　　）

2.新能源汽车整车控制系统的控制模式通常分为正常模式、跛行模式和停机保护模式三种。（　　）

3.停机保护模式是当车辆的某个系统出现严重故障时，整车控制器此时无法控制车辆行驶，只能进入停机状态。（　　）

4.当整车控制器接收到上电开关、直流充电桩、车载充电机或远程智能终端的唤醒信号后，直接控制高压继电器吸合或断开，接通或断开高压系统。（　　）

5.在 ECO 模式下，整车的加速性能会有所减弱，在滑行和制动过程中会加大能量回收效果。（　　）

6.车辆用户可以使用智能手机将远程控制指令通过 GPRS/SMS 传送到车载远程智能终端，控制车辆相关部件实现远程查询、远程空调和远程充电功能。（　　）

车联网应用技术

情境导入

赵先生在某品牌的新能源汽车 4S 店选购车辆。

赵先生：听朋友说新能源汽车除了正常驾驶以外，还可以用手机 App 进行远程控制，是这样的吗？

技师刘：现在的新能源汽车已经与互联网融为一体了，能够通过手机 App 实现查询车辆位置、远程控制车辆充电等功能。除此之外，还专门成立了新能源汽车国家监测与管理中心，能够对新能源汽车进行远程服务与管理。

学习目标

1. 了解电动汽车远程服务与管理系统的作用与结构。
2. 了解电动汽车远程服务与管理系统的实车应用技术。

一、相关知识

1. 电动汽车远程服务与管理系统作用与结构

随着新能源汽车保有量的持续增长，在用车辆不断增多，事故频率明显上升，新能源汽车的安全问题受到国家的高度重视。2016 年 10 月 1 日，国家正式实施 GB/T 32960《电动汽车远程服务与管理系统技术规范》，该技术规范分为总则、车载终端、通信协议及数据格式 3 部分。电动汽车远程服务与管理系统是指对电动汽车信息进行采集、处理和管理，并为联网用户提供信息服务的系统。由公共平台、企业平台和车载终端组成，总体结构如图 6-1 所示。

图 6-1　电动汽车远程服务与管理系统总体结构

《电动汽车远程服务与管理系统技术规范》要求建立国家、政府、企业三级新能源汽车监控平台，实现数据的实时采集与传输。监控平台通过车载终端实时获取新能源汽车 CAN 总线上的车辆状况数据和故障状态，并结合 GPS 传感器获取的定位信息，通过 GPRS/3G/4G 网络传输到平台，以此实现对车辆的安全监控，还可以为新能源汽车用户提供充电、车况查询、远程诊断等服务。

（1）公共平台

公共平台是指国家、地方政府或其指定机构建立的、对管辖范围内电动汽车进行数据采集和统一管理的平台。公共平台具备整车企业使用的信息录入及维护功能，并对企业录入信息进行审核。公共平台从企业平台获取车辆行驶、充电等运行数据，进行相应的监管和数据分析，还具备故障报警和报警处置措施、处置进度和结果的统计与分析功能，公共平台之间还具备信息交换的功能。

（2）企业平台

企业平台是指整车企业自建或委托第三方技术单位，对服务范围内的电动汽车和用户进行数据采集和统一管理的平台。企业平台应与车载终端进行通信，具备车辆故障监控和安全报警功能，根据可能对车辆造成的安全隐患严重程度，对故障进行分级管理，并设置相应的处置措施。企业平台定期将故障和报警的处置措施、处置进度和结果上报至公共平台。

（3）车载终端

车载终端是指安装在电动汽车上，采集及保存整车及系统部件的关键状态参数并发送到平台的装置或系统。车载终端也叫数据采集终端，能够与整车控制器 VCU 通过 CAN 总线进行通信，服从 VCU 的控制命令，获取整车相关信息。车载终端采用"行程长度编码"压缩机制，对 CAN 数据进行数据压缩，以减少存储空间的占用，同时节约网络宽带资源与流量，加快数据传输速度。主要功能如下：

1）车载终端能够利用 GPS 对车辆进行定位，并能够准确提供时间和日期，精确到秒，与标准时间误差 24h 内 ±5s。

2）车载终端能够将大量数据（最大 8GB）存储到本地移动存储设备 SD 卡中，经存储的数据可由分析处理软件读取和分析。

3）车载终端能够将信息按照规定的时间和数据量，以无线通信 GPRS 的方式发送到服务平台。在此信息传输的过程中，要保证信息的正确性，并且不能将信息丢失，还需要做到信息的保密，使无线通信的信息不被他人窃取。

4）车载终端将在本地保存车辆最近一段时间的运行数据，作为"黑匣子"提供车辆故障或事故发生前的数据信息。

5）盲区补传，车载终端支持在通信网络不畅的情况下，自动将数据保存至采集终端 flash 存储区域，待网络正常后，自动/人工将数据上传至服务平台。

6）自检功能，当检测到 GPS 模块、主电源等故障时，会主动上报警情至监控中心，辅助设备进行检修。

7）远程升级，支持远程自动升级功能，自动接收来自服务平台的升级指令完成软件升级，必要情况下，借助车载终端可对车辆通过 CAN 协议进行软件升级。

车载终端按照 GB/T 32960.3—2016《电动汽车远程服务与管理系统技术规范 第 3 部分：通信协议及数据格式》中的要求，最大间隔时间不超过 30s 将采集到的实时数据保存在存储介质中，当出现 3 级报警时，车载终端按照最大不超过 1s 时间间隔存储数据，车载终端在外部供电异常断电后仍可独立运行，且至少保障将外部供电断开前 10min 的数据上传到企业平台，如图 6-2 所示。

车载终端是一个电子控制单元，如图 6-3 所示。它能够实时监控并存储车辆的动力蓄电池、电机与控制器、整车控制系统、车辆运行状态以及故障等信息内容。远程服务管理平台实现对车辆的远程监控、故障诊断和信息服务，用户可以通过浏览器登录远程服务平台，对车辆进行管理以及获取相应的服务信息。

图 6-2 车载终端断电保护

图 6-3 车载终端

车载终端上面有多个指示灯，每个指示灯代表不同的工作状态，见表 6-1。

表 6-1 车载数据采集终端指示灯说明

序号	指示灯名称	颜色	状态	说明
1	RUN	红色	闪烁，1Hz	终端运行正常
			其他	终端运行故障
2	GPRS	绿色	亮	GPRS 已登录
			灭	GPRS 未登录
3	GPS	绿色	亮	GPS 已定位
			灭	GPS 未定位
4	CAN1	绿色	亮	CAN1 接收到数据
			灭	CAN1 未接收到数据
5	CAN2	绿色	亮	CAN2 接收到数据
			灭	CAN2 未接收到数据
6	SD	绿色	亮	SD 卡正在记录数据
			闪烁，1Hz	SD 卡暂停记录数据
			闪烁，2Hz	SD 卡未格式化或容量已满
			灭	无 SD 卡或 SD 卡加锁（只读）

2.电动汽车远程服务与管理系统实车应用

电动汽车远程服务与管理系统在主界面输入用户名和密码后即可开启汽车远程信息服务系统，然后输入某一车辆的底盘号后8位查询该车的运行数据，以江淮电动汽车远程服务与管理系统为例，如图6-4所示。

主界面输入　　　　　输入底盘号后八位　　　　查询数据
用户名和密码　　　　（例如：D4210231）

图6-4　江淮电动汽车远程服务与管理系统

（1）远程监控系统操作界面

电动汽车远程服务与管理系统的操作界面主要包括用户功能区、终端快捷搜索栏、页面导航、菜单导航和页面内容5个区域。

1）用户功能区。用户功能区主要用来显示登录信息和用户功能按钮，可以查看系统通知、用户邮件和退出系统。

2）终端快捷搜索栏。在终端快捷搜索栏输入终端号并按ENTER，即可快速查询并显示该终端信息。

3）页面导航区域。页面导航区域显示当前打开的页面名称。

4）菜单导航区域。菜单导航区域是有分级层次的导航菜单，选中要打开的页面后，页面内容将显示在右侧的页面内容区域内。

5）页面内容区域。当进入电动汽车远程服务与管理系统后，在页面内容区域的客户端列表中单击图标，选定想要观察的客户端，然后在选用实时监控、历史数据等功能时，都会看到该客户端相应的数据信息。

（2）实时监控信息

电动汽车远程服务与管理系统实时监控车辆的运行数据信息，由客户端根据设置的策略进行数据上传，信息平台将收集到的数据进行分类实时显示，主要包括综合信息、整车信息、极值信息、电压报表、温度报表、电压状态图、温度状态图、总电压电流状态图以及卫星定位信息等内容。

1）综合信息。综合信息是指常用监控数据的集合。监控数据主要包括档位、充放电状态、总电压、总电流、动力蓄电池电量、动力蓄电池组平均温度、电机控制器温度、最高电压、最低电压、电机控制器温度、电机电压、电机电流、电机转速以及运行模式等信息。综合信息显示方式示例见表6-2。

2）整车信息。整车信息监控数据包括档位、充放电状态、总电压、总电流、SOC、动力蓄电池组平均温度、电机控制器温度、电机电压、电机电流、电机转速以及运行模式等内容。

表 6-2　综合信息显示方式示例

综合信息	整车信息	极值信息	电压报表	温度报表	温度范围	卫星定位

数据上报时间：

档位	充放电状态	总电压	总电流	SOC	动力蓄电池组平均温度
最高电压	最低电压	电机控制器温度	电机电压	电机电流	电机转速

3）极值信息。极值信息监控数据主要包括最高电压动力蓄电池组序号、最高电压单体蓄电池序号、单体蓄电池最高电压、最低电压动力蓄电池组序号、最低电压单体蓄电池序号、单体蓄电池最低电压、最高温度动力蓄电池组序号、最高温度探针序号、最高温度、最低温度动力蓄电池组序号、最低温度探针序号、最低温度、剩余能量以及动力蓄电池绝缘电阻等内容。

4）电压报表。电压报表监控数据为各组动力蓄电池的实时电压情况。

5）温度报表。温度报表监控数据为各组动力蓄电池的实时温度情况。

6）电压状态图。电压状态图以实时图形的方式展示各组动力蓄电池的电压状态。

7）温度状态图。温度状态图以实时图形的方式展示各组动力蓄电池的温度状态。

8）总电压电流状态图。总电压电流状态图以实时图形的方式展示总电压和总电流的变化趋势。

9）卫星定位信息。卫星定位信息监控数据为车辆 GPS 卫星定位信息，主要包括经度、纬度、速度、方向、定位状态以及地图显示车辆当前位置等信息。

10）历史数据。历史数据提供对车辆运行历史数据的查询检索，主要包括整车信息、极值信息、动力蓄电池电压、动力蓄电池温度以及卫星定位等历史数据。

11）统计图表。统计图表是指根据车辆运行数据形成各类统计图表，协助用户进行数据比对和分析工作，主要包括动力蓄电池电压对比统计图、动力蓄电池温度对比统计图、动力蓄电池电流对比统计图、总电压变化情况统计图、总电流变化情况统计图以及 SOC 变化情况统计图等内容。

12）报警信息。报警信息用来查询车载终端上报的报警信息，包括实时报警信息监控和历史报警信息查询两项内容。实时报警信息能够实时在线诊断，主动识别车辆的潜在故障，向客户发出人性化保养提示。历史报警信息能够按指定时间段查询车载终端的历史报警记录。报警信息根据故障的严重程度分为警告、一般、重要和严重 4 个报警等级。

二、任务实施

1. 实施准备

（1）实训物品准备

1）新能源汽车整车。

2）车辆防护用品三件套。

3）警示隔离带。

4）维修手册。

5）维修工具。

6）故障诊断仪。

7）车辆举升机。

（2）安全注意事项

1）任务实施场地拉设警示隔离带。

2）在前机舱内放置高压安全用电警示牌。

3）严禁用手直接触摸动力电缆及高压部件（橙色部分）。

4）举升车辆时必须规范操作举升机。

2. 实施内容

车载终端工作指示灯说明。

3. 实施记录

任务实施记录单见表 6-3。

表 6-3 任务实施记录单

序号	指示灯名称	颜色	状态	说明
1	RUN	红色	闪烁，1Hz	
			其他	
2	GPRS	绿色	亮	
			灭	
3	GPS	绿色	亮	
			灭	
4	CAN1	绿色	亮	
			灭	
5	CAN2	绿色	亮	
			灭	
6	SD	绿色	亮	
			闪烁，1Hz	
			闪烁，2Hz	
			灭	

三、任务检验

1. 自检

参与实训练习的学员自我完成质量检验。

2. 互检

由完成相同实操练习项目的学员相互进行质量检验。

3. 终检

由专职质量管理人员（教师）进行专业检查。

四、教学评估

由教师依据教学目标对教学过程及结果进行价值判断。

任务二 **手机 App 功能操作**

情境导入

张先生想了解车辆的远程控制功能是如何操作的。

张先生： 新能源汽车的远程控制功能怎么用呢？

技师李： 新能源汽车的远程控制功能是通过手机 App 来实现的，需要用户下载安装 App，通常分为安卓版和 ios 版两个版本。

学习目标

1. 能够安装手机 App 程序。
2. 能够完成手机 App 功能操作。

一、相关知识

1. 手机 App 安装

新能源汽车的手机 App 通常分为安卓版和 ios 版，需要用户根据手机型号自行选择安装版本。软件本身没有费用，但是当用户发送指令时会发送短信和上网，有可能会产生短信费和上网费用，具体费用则需要参照网络运营商的收费标准。

以江淮新能源汽车的手机 App 安装方法为例。首先在江淮官网上用微信扫描下载相应版本的 App 到手机上，然后按照提示安装应用，如图 6-5 所示。

图 6-5　安装手机 App

当 App 安装完成后，手机屏幕会提示"安装完成"，此时打开 App，通过用户名和密码进行登录，用户名是车架号的后 8 位，密码为初始密码，如图 6-6 所示。

图 6-6　打开手机 App

2.手机 App 功能操作

当用户没有在车里而又想知道爱车的剩余里程、剩余电量、剩余充电时间的话，可以通过远程登录 App 进行查看。进入手机 App 之后，可以看到有状态、充电、空调、呼叫、联系和关于 6 个功能菜单，根据实际需求进行选择。

在"状态"栏可以查询车辆剩余里程、动力蓄电池状态以及车辆充电信息等内容。在"充电"栏可以开启或关闭远程控制充电功能，如图 6-7 所示。

图 6-7 "状态"和"充电"功能

在"空调"栏可以打开或关闭空调系统，在"呼叫"栏可以进行车辆数据的上报，如图 6-8 所示。

图 6-8 "空调"和"呼叫"功能

在"联系"栏会显示客服电话，可以联系经销商或 iEV 请求技术支持。在"关于"栏主要显示软件版本信息以及修改登录密码，如图 6-9 所示。

图 6-9 "联系"和"关于"功能

二、任务实施

1. 实施准备

（1）实训物品准备

1）新能源汽车整车。

2）车辆防护用品三件套。

3）高压安全用电警示牌。

4）车主用户手册。

5）警示隔离带。

（2）安全注意事项

1）任务实施场地拉设警示隔离带。

2）严禁随意起动车辆，在车辆前后禁止站人。

3）严禁用手直接触摸动力电缆（橙色部分）。

2. 实施内容

1）数据采集终端部件认知。

2）手机 App 功能操作。

3. 实施记录

（1）数据采集终端部件认知

查阅维修手册，然后实车查找车载数据采集终端的安装位置，填写任务实施记录单（1），见表6-4。

表 6-4　任务实施记录单 (1)

序号	车型名称	安装位置
1	吉利帝豪 EV500	
2	比亚迪秦 EV450	
3	北汽 EC5	

（2）手机 App 功能操作

用手机下载安装 App，然后进行功能操作，远程读取车辆信息，填写任务实施记录单（2），见表6-5。

表 6-5 任务实施记录单 (2)

序号	功能操作	车辆状态
1	车辆状态	
2	车辆充电	
3	空调操作	
4	呼叫功能	（为避免给厂家造成不必要的麻烦，不建议实操该功能）
5	联系客服	（为避免给厂家造成不必要的麻烦，不建议实操该功能）
6	关于软件	

三、任务检验

1. 自检
参与实训练习的学员自我完成质量检验。

2. 互检
由完成相同实操练习项目的学员相互进行质量检验。

3. 终检
由专职质量管理人员（教师）进行专业检查。

四、教学评估

由教师依据教学目标对教学过程及结果进行价值判断。

复 习 题

一、填空题

1. 车联网是_____在汽车领域的一个细分应用。

2. _____系统能够为整车厂家的研发部门提供数据积累，为售后服务部门提供故障信息，同时也满足了政府部门对于新能源汽车的监控要求。

3. 车辆远程监控系统实时监控车辆的运行数据信息，其中的电压报表监控数据为各组动力蓄电池的_____。

4. 车辆远程监控系统在主界面输入用户名和密码后即可开启汽车远程信息服务系统，然后输入某一车辆的_____查询该车的运行数据。

5. 新能源汽车的车载数据采集终端上面有多个指示灯，每个指示灯代表_____。

6. 新能源汽车的车载数据采集终端上 GPRS 的绿色指示灯熄灭，表示_____。

二、选择题

1. 车联网是能够实现智能化交通管理、智能动态信息服务和车辆智能化控制的一体化网络，是物联网技术在（   ）领域的典型应用。

A. 运输系统   B. 物流系统   C. 客运系统   D. 交通系统

2. 新能源汽车的车辆远程监控系统主要由（   ）组成。

A. 电源   B. 传感器   C. 车载数据采集终端   D. 远程管理服务平台

3. 车辆远程监控系统的操作界面主要包括用户功能区、（   ）这几个工作区域。

A. 终端快捷搜索栏   B. 页面导航

C. 菜单导航   D. 页面内容

4. 新能源汽车的手机 App 通常分为（   ），需要用户根据手机型号自行选择安装版本。

A. 安卓版   B.ios 版   C. 移动版   D. 联通版

5. 历史数据提供对车辆运行历史数据的查询检索，主要包括（   ）以及卫星定位等历史数据。

A. 整车信息   B. 极值信息

C. 动力蓄电池电压   D. 动力蓄电池温度

6. 卫星定位信息监控数据为车辆 GPS 卫星定位信息，主要包括（   ）、定位状态以及地图显示车辆当前位置等信息。

A. 经度   B. 纬度   C. 速度   D. 方向

三、判断题

1. 车联网是以车内网、车际网和车载移动互联网为基础，按照约定的通信协议和数据交互标准，在车 –X（X 是车、路、行人及互联网等）之间，进行无线通信和信息交换的大系统网络。（   ）

2. 车载终端通过 CAN 总线实时获取整车控制器的内部数据，采集动力蓄电池及驱动电机等部件的运行数据，并结合 GPS 获取车辆位置和行驶速度等信息。（   ）

3. 新能源汽车的远程监控系统能够为车辆的技术升级、生产运营、维修保养和安全管理提供精准的保障服务。（   ）

4. 当用户没有在车里而又想知道爱车的剩余里程、剩余电量、剩余充电时间的话，可以通过远程登录 App 进行查看。（   ）

5. 通过远程登录 App，在"状态"栏可以查询车辆剩余里程、动力蓄电池状态以及车辆充电信息等内容。（   ）

6. 警告信息用来查询车载终端上报的报警信息，包括实时报警信息监控和历史报警信息查询两项内容。（   ）

项目七 辅助电气系统

任务一 空调制冷系统

情境导入

赵经理的新能源汽车空调不制冷了，来到 4S 店进行检修。

赵经理：新能源汽车的空调系统和传统汽车空调系统一样吗？

技师李：传统汽车的空调压缩机通过一根传动带由发动机产生的动力驱动，而新能源汽车的空调压缩机则是依靠高压电驱动的。除此以外，空调系统的其他部件和工作原理大致相同。

学习目标

1. 了解电控空调制冷系统的结构原理。
2. 了解电控空调制冷系统的维修流程。

一、相关知识

1. 电控空调制冷系统的结构原理

（1）空调系统的组成

汽车空调系统具有制冷、采暖、除霜、除雾以及通风换气的功能。新能源汽车的电控空调制冷系统与传统燃油车的空调系统大致相同，主要由空调箱体、空调管路、电动压缩机、冷凝器、空调控制面板及其相关传感器等部件组成，如图 7-1 所示，其最大的区别在于压缩机，新能源汽车的空调压缩机不再靠发动机驱动，而是通过高压动力蓄电池提供的电能驱动其运转。

新能源汽车的空调压缩机靠电力驱动，特斯拉电动空调压缩机如图 7-2 所示。长城 WEY P8 电动空调压缩机如图 7-3 所示，其转速可以通过空调控制器进行调节，转速调节范围为 0~4000r/min，既保证了良好的制冷效果，又节省了电能。

比亚迪 e6 电动空调压缩机工作电压为 320V，制冷剂型号为 R134a，制冷剂加注量为 550g，压缩机油型号为 RL68H，压缩机油加注量为 120mL。

（2）空调系统的工作原理

电动空调压缩机从蒸发箱中抽出气态的制冷剂，然后将其以高压气态的形式压入冷凝器。高压气态的制冷剂经过冷凝器时释放热量转为液态，制冷剂流经膨胀阀在节流的作用下以雾状的形式进入蒸发箱，制冷剂在蒸发箱内吸收大量的热量迅速蒸发，转为低温低压的气态形式，再次被空调压缩机抽走，如此循环反复。与此同时，蒸发箱附近被冷却后的空气通过鼓风机吹入车厢，达到给车厢内降温的目的。

图 7-1 新能源汽车电控空调制冷系统组成

图 7-2 特斯拉电动空调压缩机

图 7-3 长城 WEY P8 电动空调压缩机

空调控制器是整个空调系统的核心部件，空调驱动器接收空调控制器的信息来控制空调压缩机和 PTC 加热器。空调控制器接收来自各个传感器以及空调控制开关的信息，经过运算处理后向空调驱动器和其他执行部件发送指令，完成车内温度的调节工作，新能源汽车电控空调制冷系统框架结构如图 7-4 所示。

图 7-4 新能源汽车电控空调制冷系统框架图

2. 电控空调制冷系统的维修流程

新能源汽车电控空调制冷系统的维修流程与传统燃油车的空调维修流程大致相同。以江淮iEV5车型为例，电控空调制冷系统电路原理如图7-5所示。当电控空调制冷系统出现故障时，应按照以下流程进行检修。

图 7-5 江淮 iEV5 电控空调制冷系统电路原理图

（1）电控空调制冷系统压力测量

在空调不开启的情况下平衡压力为0.6MPa，如果管路压力过高或过低，压缩机则无法工作；如果压力正常，则进行下一步检查。

（2）检查空调高压供电

检查高压配电盒内制冷断路器是否熔断，熔断则直接更换新的断路器；如断路器正常，说明空调高压供电正常，需要进行下一步检查。

（3）检查 AC 开关

当按下AC开关后，检查空调控制器是否接收到空调控制面板的启停信号。用万用表检测空调控制器6针插接件的白色线束插接件端子电压，不按下AC的情况下是12V，按下AC后变为0V。如果无启停信号，则进行第（4）步检查；如果有启停信号，则进行第（5）步检查。

（4）检查空调控制面板

检查空调控制面板的按键是否正常，空调控制面板的供电和搭铁是否正常，压力开关及相关线束是否正常，蒸发箱温度传感器及相关线束是否正常。

（5）检查空调压缩机

检查空调压缩机是否损坏，可用万用表电阻档测量压缩机3针线束插接件端子任意两针是否能导通，如果有不导通的情况，则说明压缩机损坏，应更换总成。

如果以上各部件均正常，则说明空调控制器有故障。

二、任务实施

1. 实施准备

（1）实训物品准备

1）新能源汽车整车。

2）车辆防护用品三件套。

3）高压安全用电警示牌。

4）警示隔离带。

5）故障诊断仪。

6）维修手册。

7）空调压力测试表

（2）安全注意事项

1）任务实施场地拉设警示隔离带。

2）在前机舱内放置高压安全用电警示牌。

3）严禁用手直接触摸动力电缆（橙色部分）。

4）车钥匙由专人保管，严禁随意起动车辆。

5）测试电控空调制冷系统压力时，禁止开动车辆上路行驶。

2. 实施内容

1）新能源汽车电控空调制冷系统压力测量。

2）新能源汽车电控空调制冷系统数据流读取。

3. 实施记录

1）测量电控空调制冷系统管路压力，并记录和分析测量数据，见表7-1。

12、空调系统
压力检测

表7-1　电控空调制冷系统压力检测

序号	测量项目	压力值/MPa	数值分析
1	平衡压力		
2	低压管路		
3	高压管路		

2）连接故障诊断仪，读取电控空调制冷系统数据流，如图7-6所示。

图7-6　读取电控空调制冷系统数据流

三、任务检验

1. 自检

参与实训练习的学员自我完成质量检验。

2. 互检

由完成相同实操练习项目的学员相互进行质量检验。

3. 终检

由专职质量管理人员（教师）进行专业检查。

四、教学评估

由教师依据教学目标对教学过程及结果进行价值判断。

任务二 PTC 加热器

情境导入

张先生的新能源汽车暖风加热功能失效了，到 4S 店进行检修。

张先生：听说新能源汽车暖风是靠高压电加热的，是这样吗？

技师王：传统燃油汽车暖风系统主要是通过发动机的冷却液散热来实现车内升温的，而新能源汽车的暖风系统则是利用动力蓄电池的高压电源给加热元件供电，使其升温发热，然后由鼓风机将热量送至空调出风口。

学习目标

1. 了解 PTC 加热器的结构原理。
2. 了解 PTC 加热器的维修流程。

一、相关知识

1. PTC 加热器结构原理

PTC 是正温度系数的英文缩写，是一种新型的热敏电阻材料，其主要用途有开关功能和发热功能两大类。PTC 具有性能稳定、升温速度快，受电源波动影响小等特点。PTC 制成的各种加热产品已经成为电阻丝类加热材料的理想替代品，目前已大量应用于汽车空调系统。

PTC 加热器是采用热敏陶瓷元件和波纹散热铝条经高温胶粘而成，具有热阻小、换热效率高等优点，是一种自动恒温、节省电能的电加热器产品。它最突出的特点是安全性能好，任何情况下都不会发生类似电热管类加热器表面"发红"的现象，从而引起烫伤或火灾等安全隐患。

PTC 加热器的温度调节是靠自身材料特性，不需要专门温度传感器进行温度反馈。加热器本体的设计加热温度在200℃以下有多个档次，任何情况下使用均不发红且有保护隔离层。PTC加热器的电能消耗小，高发热效率的材料也大幅提升了电能的利用效率。

PTC加热器可从小功率到大功率之间任意设计，外形也可按要求设计，还具有升温迅速、使用寿命长以及电压使用范围宽，可在12~380V之间根据需要进行设定等优点。新能源汽车制热方式主要有PTC水加热器和PTC加热两种。

（1）PTC水加热器

PTC水加热器是通过加热冷却液的方式完成车辆制热功能。先利用水泵将储液壶里面的冷却液泵入PTC水加热器内，然后由PTC对其进行加热，加热后的冷却液流经暖风水箱使周围的空气温度上升，通过鼓风机将热量输送至空调出风口，以此提高车内温度，最后冷却液再流回储液壶，如此循环。PTC水加热器系统结构如图7-7所示。

（2）PTC加热

PTC加热器安装在空调蒸发箱上面，主要由控制器、散热器、加热元件以及塑料框架等部件组成。PTC加热器外观如图7-8所示。

图7-7　PTC水加热器系统结构

图7-8　PTC加热器

PTC加热器由两组波纹铝制半导体材料组成。空调控制器可以使两组波纹铝制半导体独立或同时工作，以满足车辆的加热需求。PTC加热器结构如图7-9所示。

图7-9　PTC加热器结构

空调控制器接收空调控制面板的加热请求信号，并采集车内外温度等信号，控制加热器工作。空调控制器与VCU通过CAN总线完成交互信息，当发生异常时可以及时发出警告信号并作出响应。新能源汽车各车型所采用的PTC加热器原理基本相同。PTC加热器主要技术指标见表7-2。

表 7-2　PTC 加热器主要技术指标

序号	项目	技术指标
1	额定电压	动力蓄电池总电压
2	额定功率	3.5kW
3	冷态最大起始电流	20A
4	单级冷态电阻	80~300Ω

2. PTC 加热器维修流程

PTC 加热器常见故障原因分析与排除方法见表 7-3。

表 7-3　PTC 加热器常见故障原因分析与排除方法

序号	故障类型	故障现象	故障原因	排除方法
1	PTC 不工作	开启加热模式后，出风口仍为冷风	1. 冷暖模式设置错误 2. PTC 加热器本体断路 3. PTC 控制电路断路 4. PTC 加热器断路器烧蚀 5. PTC 控制器损坏	1. 检查空调冷暖设置旋钮是否选择制热功能 2. 测量 PTC 加热器本体阻值 3. 检查 PTC 高压断路器 4. 更换 PTC 加热器
2	PTC 过热	空调出风口温度异常升高或有塑料焦烟气味	PTC 控制模块内部 IGBT 损坏，发生短路故障	切断高压电路，更换 PTC 控制模块

二、任务实施

1. 实施准备

（1）实训物品准备

1）新能源汽车整车。

2）车辆防护用品三件套。

3）高压安全用电警示牌。

4）警示隔离带。

5）维修手册。

（2）安全注意事项

1）任务实施场地拉设警示隔离带。

2）在前机舱内放置高压安全用电警示牌。

3）严禁用手直接触摸动力电缆（橙色部分）。

4）车钥匙由专人保管，严禁随意起动车辆。

5）操作 PTC 加热功能时，禁止开动车辆上路行驶。

2. 实施内容

PTC 加热器拆装。

3. 实施记录

查阅维修手册，拆画电控空调制热系统电路原理图，如图 7-10 所示。

13、PTC 加热器拆装

图 7-10 电控空调制热系统电路原理图

三、任务检验

1. 自检
参与实训练习的学员自我完成质量检验。

2. 互检
由完成相同实操练习项目的学员相互进行质量检验。

3. 终检
由专职质量管理人员（教师）进行专业检查。

四、教学评估

由教师依据教学目标对教学过程及结果进行价值判断。

任务三 电控制动系统

张先生的新能源汽车出现制动能力下降的故障,来到4S店进行维修。

张先生:我的车突然出现制动踏板踩不动的故障,都不敢开着上路行驶了,这是什么原因呢?

技师王:新能源汽车的制动助力系统与传统汽车不太一样,传统汽车制动真空助力是利用发动机运转时进气歧管产生的真空,而新能源汽车的制动真空助力则是通过制动真空泵来产生真空的。

1. 了解电控制动系统的结构原理。
2. 了解电动真空泵的维修流程。

一、相关知识

1. 电控制动系统的结构原理

在传统燃油车上,为了增强制动效果和提高制动液压力,通常利用真空泵放大驾驶人脚踩制动踏板的力量,真空源来自发动机运转时进气歧管产生的负压。而新能源汽车则不能利用该方式产生真空,需要设置专用的电动真空泵,以满足制动系统的需要。新能源汽车制动系统主要由真空助力器、ABS控制器、电动真空泵以及车轮制动器等部件组成。新能源汽车的电动真空助力系统包括电动真空泵、真空罐和真空压力传感器。电动真空泵用12V电压驱动,通过ABS控制器控制其工作。北汽EU260电动真空泵如图7-11所示。

图7-11 北汽EU260电动真空泵

真空系统的真空源来自电动真空泵,随着制动和电动真空泵的工作状态不同,真空度也相应地发生变化,这种变化将会影响制动系统的正常工作,因此给制动系统设置一个真空罐。北汽EU260真空罐如图7-12所示,其作用首先是给制动系统提供稳定的真空压力,其次是储存真空，使真空系统即使在真空泵停止运行时仍能保持一定的真空度。

真空压力传感器用来监测电动真空助力系统的压力，并以此来控制真空泵运转与否。北汽 EU260 真空压力传感器如图 7-13 所示。真空压力传感器根据其结构不同，有触点开关式、滑动电阻式以及半导体压敏电阻式等类型。

图 7-12 北汽 EU260 真空罐

图 7-13 北汽 EU260 真空压力传感器

当打开点火开关后，车辆各个控制系统开始自检，如果此时真空压力传感器监测到真空罐内的真空度小于设定值，制动控制单元控制电动真空泵运转。在真空度达到设定值时，电动真空泵停止工作，当驾驶人使用制动时真空度会降低，电动真空泵再次启动，如此循环。新能源汽车制动系统真空泵控制原理如图 7-14 所示。

2. 电动真空泵维修流程

电动真空泵常见故障原因分析与排除方法见表 7-4。

图 7-14 新能源汽车制动系统真空泵控制原理

表 7-4　电动真空泵常见故障原因分析与排除方法

序号	故障类型	故障现象	故障原因	排除方法
1	真空泵不转	踩下制动踏板时无助力，真空泵不工作	1. 真空泵断路器熔断 2. 真空泵电机损坏 3. 压力传感器故障 4. 真空泵线路断路 5. 真空泵控制器损坏	1. 更换真空泵断路器 2. 直接给真空泵供 12V 电压，测试能否正常运转 3. 测量真空压力传感器 4. 检修真空泵控制电路 5. 更换真空泵控制器
2	真空泵常转	打开点火开关后真空泵不停转动	1. 真空管路有泄漏 2. 压力传感器损坏 3. 真空泵控制器损坏	1. 检查真空管路密封性 2. 更换真空压力传感器 3. 更换真空泵控制器

二、任务实施

1. 实施准备

（1）实训物品准备

1）新能源汽车整车。

2）车辆防护用品三件套。

3）高压安全用电警示牌。

4）警示隔离带。

5）车辆举升机。

（2）安全注意事项

1）任务实施场地拉设警示隔离带。

2）关闭点火开关，断开低压蓄电池负极连接线。

3）在前机舱内放置高压安全用电警示牌。

4）严禁用手直接触摸动力电缆（橙色部分）。

5）举升车辆时，必须规范操作举升机。

2. 实施内容

1）电控制动系统组成部件认知。

2）电控制动系统数据流读取。

3. 实施记录

1）实车查找电控制动系统零部件，并填写任务实施记录单，见表7-5。

表7-5 任务实施记录单

序号	部件名称	安装位置	部件功能
1	真空罐		
2	电动真空泵		
3	制动控制单元		
4	真空压力传感器		

2）读取电控制动系统数据流，如图7-15所示。

北汽新能源>>车辆选择 >> EV系列 >> EV160-2016款 >> 系统选择 >> 整车控制器(VCU) >> 数据流		
名称	当前值	单位
车速	0	km/h
真空泵使能状态	未使能	
真空泵工作电流	5	A
真空压力	60	kPa

图7-15 电控制动系统数据流

三、任务检验

1.自检
参与实训练习的学员自我完成质量检验。

2.互检
由完成相同实操练习项目的学员相互进行质量检验。

3.终检
由专职质量管理人员（教师）进行专业检查。

四、教学评估

由教师依据教学目标对教学过程及结果进行价值判断。

复 习 题

一、填空题

1.新能源汽车的空调压缩机不再靠发动机驱动，而是通过_____驱动其运转。

2.通常情况下，新能源汽车的空调压缩机转速可以在一定范围内调节，其转速可以通过_____进行调节。

3.电动空调压缩机从_____中抽出气态的制冷剂，然后将其以高压气态的形式压入冷凝器。

4.空调控制器是整个空调系统的核心部件,_____接收空调控制器的信息来控制空调压缩机和PTC加热器。

5.真空压力传感器用来监测真空系统的压力，并以此来控制_____运转与否。

6.当打开新能源汽车的点火开关后，车辆各个控制系统开始自检，如果此时真空压力传感器监测到_____的真空度小于设定值，制动控制单元控制电动真空泵运转。

二、选择题

1.汽车空调系统具有（　　　）以及通风换气的功能。

A.制冷　　　　　　　　B.采暖　　　　　　　　C.除霜　　　　　　　　D.除雾

2.比亚迪e6电动空调压缩机其工作电压为320V，制冷剂型号为（　　　）。

A.R12　　　　　　　　B.R134a　　　　　　　C.R22　　　　　　　　D.R410

3.高压气态的制冷剂经过冷凝器时释放热量转为液态，制冷剂流经（　　　）在节流的作用下以雾状的形式进入蒸发箱。

A.过滤网　　　　　　　B.膨胀阀　　　　　　　C.集滤器　　　　　　　D.调温阀

4.PTC最大的特点是安全性能好，任何情况下都不会发生类似于电热管类加热器表面（　　　）的现象。

A. 散热好　　　　　B. 低电阻　　　　　C. 高温　　　　　D. 发红

5. 新能源汽车制热方式主要有（　　　）两种。

A. 太阳能加热　　　　B. 燃料加热　　　　C. PTC 水加热器　　　D. PTC 加热

6. 空调控制器接收空调控制面板的（　　　）信号，并采集车内外温度等信号，控制加热器工作。

A. 加热请求　　　　B. 制冷指令　　　　C. 调温控制　　　　D. 通风控制

三、判断题

1. 新能源汽车的空调系统与传统燃油车的空调系统大致相同，最大的区别在于空调压缩机为电动式。　　　　　　　　　　　　　　　　　　　　　　　　　　　　　　（　　　）

2. 在空调不开启的情况下，平衡压力通常为 0.6MPa，如果管路压力过高或过低压缩机则无法工作。　　　　　　　　　　　　　　　　　　　　　　　　　　　　　　　（　　　）

3. PTC 具有性能稳定、升温速度快，受电源波动影响小等特点。　　　　（　　　）

4. 空调控制器与 VCU 通过 CAN 总线完成交互信息，当发生异常时可以及时发出警告信号并作出响应。　　　　　　　　　　　　　　　　　　　　　　　　　　　　　（　　　）

5. PTC 出现过热时，主要原因为控制模块内部 IGBT 损坏，发生短路故障。　（　　　）

6. 新能源汽车不能利用发动机的方式产生真空，需要设置专用的电动真空泵，以满足制动系统的需要。　　　　　　　　　　　　　　　　　　　　　　　　　　　　　（　　　）

情境导入

张先生有一天突然接到 4S 店的售后服务电话，邀请到店完成车辆的维护保养。

张先生： 电动汽车也需要保养吗？

技师李： 虽然新能源汽车和传统燃油汽车在动力提供和驱动方式有些差别，但依然要进行常规的维护。两者主要的区别在于传统汽车要定期更换油液和滤芯等部件，而新能源汽车主要是针对动力蓄电池和驱动电机等高压部件进行常规的清洁和检查工作。

学习目标

1. 掌握新能源汽车维护安全注意事项。
2. 能够完成新能源汽车各周期的维护项目。

一、相关知识

根据汽车维护技术标准，按照规定的工艺流程、作业范围、作业项目和技术要求所进行的预防性作业即汽车的维护，其目的就是保持车辆技术状况良好、确保行车安全、充分发挥汽车的使用效能并降低运行消耗。

1. 汽车维护定义

根据 GB/T 18344—2016《汽车维护、检测、诊断技术规范》将汽车维护分为日常维护、一级维护和二级维护三种。

（1）日常维护

以清洁、补给和安全性能检视为中心内容的维护作业。

（2）一级维护

除日常维护作业外，以润滑、紧固为作业中心内容，并检查有关制动、操纵等系统中的安全部件的维护作业。

（3）二级维护

除一级维护作业外，以检查、调整制动系、转向操纵系、悬架等安全部件，并拆检轮胎，进行轮胎换位，检查调整发动机工作状况和汽车排放相关系统等为主的维护作业。

2. 新能源汽车维护安全注意事项

1）高压安全防护，新能源汽车有高达几百伏的高压电，高压线束统一标识为橙色，严禁用手直接触摸高压部件。

2）所有的维护人员必须经过专业培训合格后持证上岗，非专业人员严禁进行任何高压部件的维护工作。

3）工作人员进行维护作业时，一定要遵守有关安全预防知识，使用必要的工具和防护设备。

4）系统内部存在高压，即使系统没有运行，断开维护插接器后，首先要用万用表确认高压端没有电压，才能进行下一步操作。

5）在维护新能源电动汽车时，不要佩戴金银首饰和手表等金属饰品。

6）清洗车辆时需要避开高低压部件，严禁用水直接冲洗高低压部件。

7）进行高压部件总成拆装作业时，必须使用绝缘工具、穿戴绝缘手套、绝缘鞋以及护目镜等高压安全防护用品。

8）对高压部件进行分解时请与厂家联系或由专业人员切断高压电源后进行，没有操作资质的人员不能打开高压部件外壳并对内部进行测量等操作。

9）在进行一般维护作业时应严防高压线束的绝缘层破损漏电，严禁在无特殊情况下破损或剪断橙色高压供电线束。

10）维护作业结束后，应及时整理维修工具和物料，不要将无关物品放置在高压设备的内部或顶部。

3. 新能源汽车维护周期分类

各新能源汽车厂家都要求车主必须定期进行维护，通常以车辆使用日期或车辆行驶里程为依据，以先到为准，维护细则按照随车保修手册执行。新能源汽车常见质保期限及质保项目见表 8-1。

表 8-1 新能源汽车常见质保期限及质保项目

区分	质量担保期限	质量担保项目
电动化部件	60 个月或 100000km	动力蓄电池总成、驱动电机、驱动控制器（带 DC/DC 变换器功能）、减速器、高压配电盒及动力电缆、车载充电机、充电插头及插座、组合仪表、真空罐、真空泵控制器、整车控制器、低压配电控制器、换档总成、一体式压缩机总成、PTC 总成、空调控制器、车辆远程监控终端
易损耗部件	3 个月或 3000km	空调滤清器、制动摩擦片、轮胎、蓄电池、遥控器电池、断路器及普通继电器（不含集成控制单元）、灯泡、刮水片
整车部件	36 个月或 60000km	电动化部件和易损耗部件之外的所有零部件

（1）日常维护

分为出车前、行车中和收车后。

（2）一、二级维护周期

汽车一、二级维护周期的确定应以汽车行驶里程为基本依据。汽车一、二级维护行驶里程依据车辆使用说明书的有关规定，同时依据汽车使用条件的不同，由省级交通行政主管部门规定。对于不便用行驶里程统计、考核的汽车，可用行驶时间间隔确定一、二级维护周期。其时间（天）间隔可依据汽车使用强度和条件的不同，参照汽车一、二级维护行驶里程周期确定。新能源汽车主要维护作业项目和技术要求见表 8-2。

表 8-2 新能源汽车主要维护作业项目和技术要求

序号	作业项目	作用性质	技术要求
1	整车控制器、高压配电盒、DC/DC 变换器	清洁、检查	1. 各部件安装牢固，插接件接触良好 2. 各部件外观完整，表面清洁 3. 各部件连接线无松动、无过热、无变色、保护套完整 4. 各部件功能正常，仪表显示正常，指示灯无故障报警
2	各类开关及断路器	清洁、检查	1. 各部件接触良好 2. 控制开关动作灵活、开闭正常 3. 表面清洁
3	动力蓄电池	清洁、检查	1. 固定螺栓无松动现象，力矩符合要求 2. 动力蓄电池箱体外观良好，无破损划痕、无腐蚀等 3. 动力蓄电池线束插接件连接牢固，绝缘良好 4. 电量存储正常，充电性能良好
4	动力电缆	清洁、检查	1. 动力电缆排列整齐，安装牢固，插接件锁止装置正常，与运动部件没有干涉现象 2. 动力电缆绝缘良好，无金属裸露、导电环烧蚀等现象
5	驱动电机	清洁、检查	1. 驱动电机工作正常，无异响 2. 线路外观良好、绝缘层无破损、连接牢固 3. 进出水管无泄漏、冷却液液位正常、冷却风扇运转正常
6	制动器	清洁	1. 制动踏板无卡滞现象 2. 制动踏板自由行程正常
7	制动真空泵	清洁、检查	1. 真空泵安装牢固，插接件接触良好 2. 真空管路卡箍牢固，气路密封良好 3. 真空泵与真空罐表面清洁，无破损
8	转向器	清洁、检查	1. 电控助力转向器运转正常，无异响 2. 转向电机和传感器插接件接触良好
9	空调压缩机、PTC 加热器等	清洁、检查	1. 空调系统运作正常、无异响 2. PTC 加热器工作正常 3. 鼓风机运转正常，无异响 4. 风速、风向调节功能正常
10	路试车辆	检查	1. 起步、加速、减速等工况无冲击、抖动现象 2. 制动或减速时有明显的能量回收 3. 仪表各信息显示正常 4. 转向、制动的性能良好

4. 新能源汽车维护项目分类

新能源汽车作为一款机电产品，随着行驶里程的增加，零部件会逐渐发生磨损，技术状况也会不断变差，因此需要用户在车辆的使用过程中严格按照厂家要求进行维护。新能源汽车的维护可以分为电动化系统维护和底盘系统维护两部分。

1）电动化系统维护见表8-3。

表8-3 电动化系统维护

维护操作		维护周期										
里程或月数，以先到为准	1000km	3	10	20	30	40	50	60	70	80	90	100
	月数	3	6	12	18	24	30	36	42	48	54	60
充电系统		●		●		●		●		●		●
制冷系统		●		●		●		●		●		●
冷却系统		●		●		●		●		●		●
电池系统		●		●		●		●		●		●

注：●—检查，必要时调整、清理或更换。

2）底盘系统维护见表8-4。

表8-4 底盘系统维护

维护操作		维护周期										
里程或月数，以先到为准	1000km	3	10	20	30	40	50	60	70	80	90	100
	月数	3	6	12	18	24	30	36	42	48	54	60
电动真空泵、控制器、真空罐		●		●		●		●		●		●
制动盘、摩擦片		●		●		●		●		●		●
制动液		●				▲				▲		
制动管路		●		●		●		●		●		●
减速器齿轮油		▲		▲		▲		▲		▲		▲
驱动轴		●		●		●		●		●		●
转向器、转向拉杆、悬架零件		●		●		●		●		●		●
轮胎换位，以公里数为准			●	●	●	●	●		●	●	●	●
空调滤清器		●		▲		▲		▲		▲		▲
底盘与车身紧固件		T		T		T		T		T		T

注：●—检查，必要时调整、清理或更换；▲—更换；T—拧紧至规定力矩。

二、任务实施

1.实施准备

（1）实训物品准备

1）新能源汽车整车。

2）车辆防护用品三件套。

3）高压安全用电警示牌。

4）警示隔离带。

5）车辆举升机。

（2）安全注意事项

1）任务实施场地拉设警示隔离带。

2）关闭点火开关，断开低压蓄电池负极连接线。

3）在前机舱内放置高压安全用电警示牌。

4）严禁用手直接触摸动力电缆（橙色部分）。

5）举升车辆时，必须规范操作举升机。

2. 实施内容

熟悉新能源汽车维护项目及技术要求。

3. 实施记录

新能源汽车维护项目及技术要求，见表 8-5。

表 8-5　新能源汽车维护项目和技术要求

序号	作业项目	作用性质	技术要求
1	整车控制器、高压配电盒、DC/DC 变换器		
2	各类开关及断路器		
3	动力蓄电池		
4	动力电缆		
5	驱动电机		
6	制动器		
7	制动真空泵		
8	转向器		
9	空调压缩机、PTC 加热器等		
10	路试车辆		

三、任务检验

1. 自检

参与实训练习的学员自我完成质量检验。

2. 互检

由完成相同实操练习项目的学员相互进行质量检验。

3. 终检

由专职质量管理人员（教师）进行专业检查。

四、教学评估

由教师依据教学目标对教学过程及结果进行价值判断。

任务二 新能源汽车 PDI 检验与环车检查

情境导入

某品牌新能源汽车 4S 店的张经理安排小刘给客户的车辆进行 PDI 检验。

张经理：请尽快给这辆车做一下 PDI 检验，客户在休息室等着呢。

技师刘：新能源汽车的 PDI 检验比传统汽车简单一些，很快就可以做完，请告知客户做完 PDI 检验后会通知他到前台接车。

学习目标

1. 能够完成新能源汽车的 PDI 检验。
2. 能够完成新能源汽车的环车检查。

一、相关知识

1. 新能源汽车出库 PDI 检验

汽车 PDI（Pre-Delivery Inspection）检验是非常重要的一项售前检验证明，是在向客户交付新车前必须通过的整车质量检验。因为新车从生产厂家到经销商网点，大都经历了较长距离的运输颠簸和较长时间的停放，为了向顾客保证新车的安全性和原厂性能，PDI 检验必不可少。某品牌新能源汽车出库 PDI 检验记录表见表 8-6。

表 8-6 某品牌新能源汽车出库 PDI 检验记录表

车型：		颜色：		车辆批次：	
VIN：		检测日期：		检查人员：	
以下项目，在后面对应的检查结果内画√，需要修理的画 ×，漏装的画○					
检查项目	记录栏	签字栏			
A. 基本检查	问题描述	是否放行	质量签字	维修人签字	质量复检	PDI 复检
1. 全车漆面、玻璃、装饰条检查						
2. 全车各部位间隙、段差						
3. 全车标牌和标志						
4. 轮胎、轮辋						
5. 内饰部件装配检查						
6. 备胎、后置物台和备胎盖板						
B. 前机舱检查	问题描述	是否放行	质量签字	维修人签字	质量复检	PDI 复检
1. 整体目视检查（装调、渗、漏）						
2. 冷却液液位						
3. 制动液液位						
4. 玻璃水水位						
5. 蓄电池						

（续）

车型： VIN：	颜色： 检测日期：		车辆批次： 检查人员：		
以下项目，在后面对应的检查结果内画√，需要修理的画×，漏装的画○					
检查项目	记录栏	签字栏			
6. 线束 / 管路连接					
C. 车辆功能检查	问题描述	是否放行	质量签字	维修人员	质量复检	PDI 复检
1. 遥控器及钥匙						
2. 车门及行李舱						
3. 车门窗及天窗						
4. 中控门锁						
5. 驾驶人、前排乘客座椅及安全带						
6. 仪表各项指示灯						
7. 导航仪及收音机						
8. 转向盘						
9. 照明灯光						
10. 指示灯光						
11. 刮水器						
12. 空调						
13. 后视镜（高配）						
14. 阅读灯						
15. 遮阳板及化妆镜						
16. 前机舱盖、充电口盖						
17. 倒车雷达						
18. 换挡机构及驻车制动手柄						
19. 风窗加热						
20. 数据采集终端						
D. 其他检查	问题描述	是否放行	质量检查	维修人员	质量复检	PDI 复检
出租车及特殊装配						

左侧外观损伤标示图标注：
× 表示划伤
△ 表示掉漆
○ 表示漏装、缺件

PDI 检验人员签字：

总装质检签字：

说明：每车一单，每份两联。第一联由服务管理部收回用于统计分析，第二联由总装车间随车流转使用。

2. 新能源汽车环车检查

汽车 4S 店或修理厂在承修车辆时首先要进行环车检查，这样可以确认车辆维修前的车况，特别是外观情况，可以避免一些不必要的纠纷，还可以让客户觉得你很专业，对他的车辆很负责。此外，还可以发现更多的维修项目以增加售后产值。各品牌车型的环车检查项目大致相同，新能源汽车环车检查表见表 8-7。

表 8-7　新能源汽车环车检查表

车型			车辆颜色
检查人员			检查日期
覆盖件名称	检查内容		处理方法
中网	□附着物　　□划痕 □缝隙不均匀　　□破损		
快充口盖	□附着物　　□划痕　　□缝隙不均匀 □钣金变形　　□色差　　□开关不正常　　□密封不正常		
前杠	□附着物　　□轻微划痕　　□缝隙不均匀 □严重划痕　　□钣金变形　　□色差		
前风窗玻璃	□有裂纹　　□有破损		
左前照灯	□附着物　　□划痕　　□缝隙不均匀 □雾气　　□灯罩变色		
左前翼子板	□附着物　　□轻微划痕　　□缝隙不均匀 □严重划痕　　□钣金变形　　□色差		
左侧裙	□附着物　　□轻微划痕　　□缝隙不均匀 □严重划痕　　□钣金变形　　□色差		
左前门玻璃	□有裂纹　　□有破损		
左前门	□附着物　　□轻微划痕　　□缝隙不均匀 □严重划痕　　□钣金变形　　□色差　　□密封条		
左 B 柱	□附着物　　□轻微划痕　　□缝隙不均匀 □严重划痕　　□钣金变形　　□色差		
左后门玻璃	□有裂纹　　□有破损		
左后门	□附着物　　□轻微划痕　　□缝隙不均匀 □严重划痕　　□钣金变形　　□色差　　□密封条		
左 C 柱	□附着物　　□轻微划痕　　□缝隙不均匀 □严重划痕　　□钣金变形　　□色差		
右侧裙	□附着物　　□轻微划痕　　□缝隙不均匀 □严重划痕　　□钣金变形　　□色差		
行李舱盖	□附着物　　□轻微划痕　　□缝隙不均匀 □严重划痕　　□钣金变形　　□色差　　□密封条		
左后翼子板	□附着物　　□轻微划痕　　□缝隙不均匀 □严重划痕　　□钣金变形　　□色差		
左后尾灯	□附着物　　□划痕　　□缝隙不均匀 □雾气　　□灯罩变色		
后杠	□附着物　　□轻微划痕　　□缝隙不均匀 □严重划痕　　□钣金变形　　□色差		
右后尾灯	□附着物　　□划痕　　□缝隙不均匀 □雾气　　□灯罩变色		
车顶	□附着物　　□轻微划痕　　□缝隙不均匀 □严重划痕　　□钣金变形　　□色差		
后风窗玻璃	□有裂纹　　□有破损		
右 C 柱	□附着物　　□轻微划痕　　□缝隙不均匀 □严重划痕　　□钣金变形　　□色差		
右后门玻璃	□有裂纹　　□有破损		
慢充口盖	□附着物　　□划痕　　□缝隙不均匀　　□色差 □密封　　□钣金变形　　□开关不正常		
右 B 柱	□附着物　　□轻微划痕　　□缝隙不均匀 □严重划痕　　□钣金变形　　□色差		
右前门玻璃	□有裂纹　　□有破损		
右 A 柱	□附着物　　□轻微划痕　　□缝隙不均匀 □严重划痕　　□钣金变形　　□色差		
右前照灯	□附着物　　□划痕　　□缝隙不均匀 □雾气　　□灯罩变色		

3. 新能源汽车定期维护规范

江淮 iEV 纯电动汽车交车及定期维护规范见表 8-8。

表 8-8　江淮 iEV 纯电动汽车交车及定期维护规范

底盘号：		里程 /km：	终端号：	电话：	日期：
序号	维护项目	维护内容			结果
电动化系统					
1	充电系统	试充电 10min，确认充电功能正常			
2	制冷系统	确认空调制冷、制热、除霜、除雾功能正常，制冷时压缩机工作无异响			
3	绝缘	充电插座的火线、零线对车身绝缘电阻，应大于 10MΩ			
		DC/DC 变换器输入端正负线束插接件端子分别对车身测绝缘电阻，应大于 20MΩ			
4	高压线束	检查插接件无松动、退针、生锈等现象，检查高压电缆与其他零部件之间无干涉磨损现象，检查高压电缆波纹管内没有污垢与潮湿现象			
5	DC/DC 变换器	KEY ON 后，测量 DC/DC 变换器输出端电压，应为（13.8±0.2）V			
		清理 DC/DC 变换器散热齿污垢			
		确认 DC/DC 变换器固定螺钉无松动、缺失、锈蚀等现象			
6	组合仪表	KEY ON 后，3s 自检时所有指示灯都点亮，仪表指针位置无异常，背光无闪烁，液晶屏显示清晰，高压接通提示音正常			
7	低压线路	检查插接件是否有线束插接件端子脱落、松动、进水、破损等情况，检查线束是否有老化			
		铅酸蓄电池是否亏电，正极连接线束是否有塑料护套，且塑料护套不翘起，不裸露铜片			
8	整车动态检查	车辆起步、行驶、转弯、制动时，应无异响无抖动			
9	驻车	确认车辆坡道驻车正常，否则予以调整			
10	远程监控终端	1.KEY ON 或充电状态下检查车载远程终端 CAN 指示灯及 GSM 报警灯闪烁是否正常			
		2. 电话确认与江淮汽车远程服务器是否正常连接			
底盘系统					
1	电动真空泵及其控制器	KEY ON 后，连续踩下制动踏板数次真空泵开始工作，12s 后停止，10min 内不再起动			
2	制动盘和摩擦片	检查前后制动器使用情况，确认摩擦片磨损量正常，且没有严重损坏			
3	制动液	确认制动储液壶的液面高度在 "MAX" 标志和 "MIN" 标志之间			
4	制动管和拉索	确认制动管路和驻车拉索表面没有不正常的附着物、泄漏、擦伤、磨损和老化等问题			
5	减速器齿轮油	确认无漏油及渗油，首保后每 1 年或 20000km 更换润滑油，规格为：85W/90-GL5，用量为 1.7L			
6	驱动轴及其护套	确认驱动轴和防尘罩没有开裂、磨损、破损或油脂泄漏等问题			
7	转向器、转向拉杆和悬架零件	1. 确认转向系统工作正常，转向时无异响、无振动、无阻滞，确认 EPS 工作正常，转向轻便，无一边轻一边重的现象			
		2. 确认转向器外壳、护罩、转向器和转向拉杆以及其他零部件连接没有松动			
		3. 确认各防尘罩没有磨损、破损或油脂泄漏等问题			
		4. 确认前、后轴承和悬架没有间隙过大、异响、破损或其他损坏			
8	轮胎换位	确认轮胎无损伤、无严重老化、无严重磨损、无起包变形、无偏磨、胎压正常（250kPa），更换新轮胎时需进行轮胎换位			
9	空调滤清器	检查空调滤清器表面是否破损，同时进行滤芯清洗，每 1 年或 20000km 进行更换			
10	底盘车身紧固件	确认悬置与动力总成、转向、制动、悬架系统紧固螺栓无松动，无机械损伤，无锈蚀现象			

二、任务实施

1. 实施准备

（1）实训物品准备

1）新能源汽车整车。

2）车辆防护用品三件套。

3）高压安全用电警示牌。

4）警示隔离带。

5）车辆举升机。

6）冰点测试仪。

7）制动液检测笔。

（2）安全注意事项

1）任务实施场地拉设警示隔离带。

2）关闭点火开关，断开低压蓄电池负极连接线。

3）在前机舱内放置高压安全用电警示牌。

4）严禁用手直接触摸动力电缆（橙色部分）。

5）举升车辆时，必须规范操作举升机。

2. 实施内容

新能源汽车常规维护。

3. 实施记录

完成常规维护操作，并记录维护过程中发现的存在缺陷的零部件以及潜在危害，见表8-9。

表8-9 任务实施记录单

序号	部件名称	技术状况	潜在危害
1			
2			
3			
4			

三、任务检验

1. 自检

参与实训练习的学员自我完成质量检验。

2. 互检

由完成相同实操练习项目的学员相互进行质量检验。

3. 终检

由专职质量管理人员（教师）进行专业检查。

四、教学评估

由教师依据教学目标对教学过程及结果进行价值判断。

复 习 题

一、填空题

1. 车辆的_____维护是以清洁、补给和安全检视为作业中心内容，由驾驶人负责执行的车辆维护作业。

2. 所有的新能源汽车维护人员必须经过专业培训合格后持证上岗，非专业人员严禁进行任何_____的维护工作。

3. 汽车_____是非常重要的一项售前检验证明，是在向客户交付新车前必须通过的整车质量检验。

4. 汽车4S店或修理厂在承修车辆时首先要进行_____，这样可以确认车辆维修前的车况，特别是外观情况，还可以避免一些不必要的纠纷。

5. 新能源汽车的KEY ON后，测量DC/DC变换器输出端电压，正常情况下应为_____V。

6. 新能源汽车作为一款_____产品，随着行驶里程的增加，零部件会逐渐发生磨损，技术状况也会不断变差。

二、选择题

1. 汽车维护作业的主要目的是（　　　）。

A. 保持车辆技术状况良好

B. 确保行车安全

C. 充分发挥使用效能

D. 降低运行消耗

2. 根据GB/T 18344—2016《汽车维护、检测、诊断技术规范》将汽车维护分为（　　　）、（　　　）和（　　　）3种情况。

A. 日常维护　　　　B. 一级维护　　　　C. 二级维护　　　　D. 自行维护

3. 进行新能源汽车高压部件的总成拆装作业时，操作人员必须（　　　）等高压安全防护用品。

A. 使用绝缘工具　　B. 戴绝缘手套　　　C. 穿绝缘鞋　　　　D. 戴护目镜

4. 汽车一、二级维护周期的确定应以（　　　）为基本依据。

A. 使用时间　　　　B. 汽车行驶里程　　C. 车辆耗电情况　　D. 维护便利条件

5. 新能源汽车的维护可以分为（　　　）两部分。

A. 店内维护　　　　B. 店外维护　　　　C. 电动化系统维护　D. 底盘系统维护

6. 在新能源汽车维护时，通常要充电（　　　），以确认充电功能是否正常。

A. 3min　　　　　　B. 10min　　　　　C. 30min　　　　　D. 60min

三、判断题

1. 根据汽车维护技术标准，按照规定的工艺流程、作业范围、作业项目和技术要求所进行的预防性作业即汽车的维护。　　　　　　　　　　　　　　　　　　　　　　　　（　　）

2. 一级维护是指除日常维护作业外，以清洁、润滑、紧固为作业中心内容，并检查有关制动、操纵等安全部件，由维修企业负责执行的车辆维护作业。　　　　　　　　　　　（　　）

3. 新能源汽车有高达几百伏的高压电，高压线束统一标识为橙色，严禁用手直接触摸高压部件。　　　　　　　　　　　　　　　　　　　　　　　　　　　　　　　　　　（　　）

4. 工作人员进行维护作业时，一定要遵守有关安全预防知识，使用必要的工具和防护设备。
　　　　　　　　　　　　　　　　　　　　　　　　　　　　　　　　　　　　　（　　）

5. 在进行新能源汽车的一般维护作业时，应严防高压线束的绝缘层破损漏电，严禁在无特殊情况下破损或剪断橙色高压电缆。　　　　　　　　　　　　　　　　　　　　　　（　　）

6. 各新能源汽车厂家都要求车主必须定期进行维护，通常以车辆使用日期或车辆行驶里程为依据，以先到为准，维护细则按照随车保修手册执行。　　　　　　　　　　　　　（　　）

新能源汽车常见故障案例分析

一、比亚迪 e5 故障案例分析

案例一 车辆不能行驶

（一）故障现象

某车主反映，其 2016 款比亚迪 e5 车型，正常操作却不能行驶。

（二）故障诊断

通过维修人员对仪表进行观察，发现车辆 OK 指示灯未点亮，电量及其他信息正常，低压蓄电池灯点亮。维修人员初步判定，故障可能是低压充电系统故障。

比亚迪 e5 高压电控总成（图 9-1）主要部件包括双向交流逆变式电机控制器模块、车载充电器模块、DC/DC 变换器模块、高压配电模块和漏电传感器，那么其最大可能原因是电机控制系统不工作。通过查询维修手册发现可能发生故障的部件有 3 个：电机控制高压配电电源电路、电机控制器低压电源电路以及线束。

图 9-1 高压电控总成

1—DC 直流输出插接件 2—33 针低压信号插接件 3—高压输出空调压缩机插接件
4—高压输出 PTC 插接件 5—动力蓄电池正极母线 6—动力蓄电池负极母线 7—64 针低压信号插接件
8—入水管 9—交流输入 L2、L3 相 10—交流输入 L1、N 相 11—驱动电机三相输出插接件

1）将车辆移放到专用维修车间，维修人员在做好安全操作规范之后，打开前机舱盖，检查外部连接，外部连接应无松动，插接件应无损坏，线束应无断裂破损等情况。

2）待车钥匙处于 ON 位状态，用万用表检查低压蓄电池电压，电压为 12.8V，在 11~14V，正常；通过连接专用解码器，选择"比亚迪新能源"，如图 9-2 所示。

通信插接件连接成功以后，发现无法通信现象，检查诊断接口 1 号端子与搭铁点（16 号端子）电压，发现电压为 2.5V（正常值为低压蓄电池电压 12.8V），说明诊断接口 OBD 电源有虚接情况，待钥匙置于 OFF 位，断开低压蓄电池负极，通过维修手册找到 OBD 熔丝，拔下熔丝后

图 9-2 解码器选择界面

发现熔丝插脚有发黑情况，更换相同型号等级的保险后，恢复低压蓄电池负极连接，并将钥匙置于 ON 位，再次检查 1、16 号线束插接件端子电压，电压值回复到 12.8V（原熔丝有烧蚀情况，出现虚接），重新连接解码器，顺利进入该车电脑系统。

3）通过解码器，进入该车动力系统，并读取故障码，发现有 P1EC900 故障码出现，并提示"降压时低压侧断路"。通过电路图（图 9-3 中 DC/DC 变换器局部电路）并结合实车进行检查。

图 9-3 DC/DC 变换器局部电路

4）根据解码器故障码及说明提示，找到对应从四合一控制器到低压蓄电池正极这根线束，如图 9-4 所示。仔细观察该线束两边插接件连接是否牢靠，是否存在破损等情况。

图 9-4　比亚迪 e5 DC 输出

5）根据电路图所知，该线束一边为 DC 输出，一边为低压蓄电池正极，中间有一个 200A 的熔丝。点火开关置于 OFF 位，并拔下低压蓄电池负极，通过万用表测试线束 DC 输出与负极之间的电压，电压为 0V，用电阻档测量两端电阻为无穷大，说明该线束断路。

6）分别测量该线束 DC 输出端到熔丝之间、熔丝两边、熔丝与低压蓄电池正极之间的电阻，发现只有熔丝两边电阻为无穷大，其他两组数据为 0Ω，说明熔丝烧坏。检查两端连接无异常，更换相同型号等级的熔丝。

（三）故障排除

更换熔丝后，恢复车身线束连接，钥匙置于 ON 位，观察仪表显示情况。连接解码器进入系统，清除故障码，重起车辆，故障灯熄灭，OK 指示灯点亮，故障解决。再次验车，无故障显示，车辆恢复正常。整理工量具，清洁车辆表面，完成工作，交车。

（四）故障结论

1）车辆本身系统不易出现问题，一般问题会出现在线束连接、插接件、熔丝、继电器等处。

2）诊断过程中，时刻遵守安全操作规范。

3）正确使用各种工量具读取车辆信息。

4）插接件接合和断开过程中要注意方向，应使用巧力，以免破坏连接情况。

案例二　慢充无法充电

（一）故障现象

一辆 2017 款比亚迪 e5 纯电动汽车，该车断开电源开关（OFF 位），打开前机舱并连接便携式 220V 交流充电枪，组合仪表动力蓄电池充电连接指示灯点亮，显示"充电连接中"，但无"充电连接成功"显示，交流充电无法完成，车辆无其他故障。

（二）故障诊断

维修人员对车辆进行观察并验证故障现象，发现车辆连接充电枪后仪表充电连接指示灯点亮，但并未听见前机舱高压总成内部车载充电机散热风扇运行的声音（正常工作时应伴有车载充电机散热风扇声），仪表屏幕一直显示"充电连接中"，未显示"充电成功"信息，这表明车辆并没有进行充电。车辆可以正常起动完成高压上电，OK 灯点亮，并未见其他故障灯点亮。

比亚迪 e5 充电系统可以分为快充与慢充，其中快充为直流高压，需要车外辅助的充电桩，慢充为 220V 家用交流电，在车辆内部有单独的车载充电机，为保证车辆及驾驶人的安全，车辆能够完成慢充需满足以下 5 个条件：

1）车辆动力系统正常。

2）车辆动力蓄电池系统正常。

3）高压互锁装置正常。

4）车辆无漏电情况。

5）充电机及充电系统正常等。

根据故障现象可以初步排除动力系统故障（无系统故障灯）、动力蓄电池故障（动力蓄电池处于可充电状态，SOC 为 56%）、高压互锁线路故障和高压系统漏电故障等。

将车辆移放到专用维修车间，维修人员在做好安全规范操作之后，打开前机舱盖，检查外部连接，外部连接无松动，插接件无损坏，线束无断裂破损等情况。车钥匙处于 ON 位，用万用表测量低压蓄电池电压，电压值为 12.8V，介于 11~14V 之间，然后连接新能源汽车专用解码器，扫描控制单元，无故障码存储；读取车载充电机模块相关数据流，也未见异常，这说明控制单元工作正常，分析认为故障应该出在交流充电系统上。

查阅相关技术资料，比亚迪 e5 充电原理如图 9-5 所示，充电检测流程如图 9-6 所示。

图 9-5 比亚迪 e5 充电原理

1—正极接触器 2—动力蓄电池包分压接触器 1 3—动力蓄电池包分压接触器 2 4—负极接触器
5—直流充电正极接触器 6—直流充电负极接触器 7—主接触器 8—交流充电接触器 9—预充接触器

根据工作原理分析，当高压总成内充电枪触发单元通过与充电枪连接线束插接件端子 CC 与线束插接件端子 PE 检测到充电连接装置内的电阻后（确定充电连接装置额定容量），拉低充电连接信号，BMS 模块控制车辆低压供电线路 IG3 继电器吸合给相关部件提供电源，当 BMS 得电后执行充电程序并拉低仪表充电指示灯信号，仪表充电连接指示灯点亮。因此，测量充电枪线束插接件端子 CC 与线束插接件端子 PE 之间的电阻为 681Ω，正常。因为仪表充电连接指示灯可正常点亮，据此分析线束插接件端子 CC 与线束插接件端子 PE 的连接信号正常。由于比亚迪 e5 纯电动汽车带有预约充电功能，预约充电服务器集成在仪表控制单元内，在充电连接过程中，车载充电机需要通过 CAN 总线接收到仪表控制单元发来的确认充电报文信息，在确认当前无预约充电设置后，才能执行实时充电动作，充电成功后组合仪表才会显示"正在充电中"信息。分析认为，如果预约充电功能误触发也有可能对充电造成影响。对仪表控制单元进行恢复默认设置操作，并查看预约充电功能状态，为关闭状态，然后对车辆进行重新充电，故障现象依旧。

图 9-6　比亚迪 e5 充电检测流程

根据充电系统工作原理分析，认为故障很可能为交流充电控制导引电路存在连接线路故障、供电控制装置故障或车辆充电控制装置故障。查阅 GB/T 18487.1—2015《电动汽车传导充电系统 第一部分：通用要求》，该标准给出的交流充电控制导引电路原理如图 9-7 所示。

图 9-7　交流充电控制导引电路原理

工作原理为：供电装置的 S1 开关初始状态与 12V 线束插接件端子接通，当充电接口已完全连接，检测点 1 的 12V 信号通过车辆端车载充电机的 R3 沟通回路，该电压由 12V 变为 9V，当检测点 1 收到 9V 信号后闭合 S1 开关的 PWM 线束插接件端子，此时供电装置向车载充电机发送 9V 的 PWM 信号（脉冲宽度调制信号）。当检测点 2 收到 9V 的 PWM 信号后闭合 S2 开关，此时该信号通过 R2 和 R3 沟通回路，9V 的 PWM 信号被拉低为 6V 的 PWM 信号。至此，供电装置判断充电枪连接成功，然后闭合 K1、K2 继电器，开始对车辆进行充电。

用万用表测量充电枪线束插接件端子 PE 与线束插接件端子 CP 之间的电压为 12V，线束插接件端子 L 与线束插接件端子 N 之间的电压为 0V，初步判断供电设备正常；查阅维修手册，找到交流充电电路，如图 9-8 所示。用万用表测量交流充电口

图 9-8 交流充电电路

线束端导线连接器 B53（B）线束插接件端子 1 与高压电控总成导线连接器 B28（A）线束插接件端子 47 之间的导通情况，发现 CP 连接线束断路；在前机舱位置找到导线连接器 BJB01（A），发现线束插接件端子 12 退缩，从而导致 CP 信号在充电连接过程中断掉，出现无法充电这一故障。

（三）故障排除

处理导线连接器 BJB01（A）线束插接件端子 12，测量导线连接器 B53（B）线束插接件端子 1 与 B28（A）线束插接件端子 47 之间的电阻为 0.2Ω，正常。再次对车辆进行充电，仪表显示正在充电的信息，有充电功率和预计充电时间显示，充电正常，故障排除。

（四）故障结论

1）车辆本身系统不易出现问题，一般问题会出现在线束连接、插接件、熔丝、继电器等地方。

2）诊断过程中时刻遵守安全操作规范。

3）正确使用各种工量具读取车辆信息。

4）插接件接合和断开过程中要注意方向，应使用巧力，以免破坏连接情况。

案例三 整车动力系统无法上电

（一）故障现象

一辆 2016 年比亚迪 e5 纯电动汽车，该车按下起动开关约 1min，仪表显示屏绿色 OK 灯未亮起，同时提示"请检查动力系统"，这意味着该车上电未成功，动力蓄电池包无法输出高压电，因此整车无法正常使用。

（二）故障诊断

维修人员对车辆进行观察并验证故障现象，发现仪表显示屏绿色 OK 灯未亮起，同时提示"请检查动力系统"，根据故障现象分析可能的故障原因有：动力蓄电池包电压过低；动力蓄电池包对车身漏电；车辆受到碰撞；高压互锁线路断开；低压蓄电池故障等。

经询问客户得知，该车自购买以来未受到碰撞，车辆和动力蓄电池所处环境均在正常使用范围。将车辆移放到专用维修车间，维修人员在做好安全规范操作之后，打开前机舱盖，检查

外部连接，外部连接无松动，插接件无损坏，线束无断裂破损等情况。待车钥匙处于 ON 位，用万用表检查低压蓄电池电压，电压值为 12.8V，介于 11~14V 之间。

比亚迪 e5 高压电池是磷酸铁锂动力蓄电池包，内含 13 个动力蓄电池模组，连接方式为串联，上下两层，直流电压输出约为 633.6V。动力蓄电池包内部结构简图如图 9-9 所示，动力蓄电池包通过变频器为驱动电机提供高压交流电。

在各接触器闭合的情况下，动力蓄电池输出端才有电压。动力蓄电池包正负极通过高压母线与四合一控制器相连接。断开低压蓄电池负极，拔下低压蓄电池侧面的起动导线连接器，拆开四合一控制器端盖，再装上低压蓄电池负极连接线和起动导线连接器，到车内按下起动开关。戴上 12kV 高压绝缘手套测量四合一控制器内动力蓄电池导线连接器的输出电压，电压为 0V。断

图 9-9　动力蓄电池包内部结构简图

开动力蓄电池导线连接器与四合一控制器连接端，检查动力蓄电池包对车身绝缘情况，DC+ 和 DC- 对搭铁绝缘电阻均大于 550MΩ，说明绝缘良好，排除了动力蓄电池包对车身漏电的故障。

但在测量时发现电池导线连接器负极线束插接件端子有损坏，该线束插接件端子为高压互锁端子，因此怀疑无法上电故障就是电池导线连接器负极互锁端子损坏导致。图 9-10 为高压互锁回路原理连接图，图 9-11 为高压互锁端子放大图。

图 9-10　高压互锁回路原理连接图

图 9-11　高压互锁端子放大图

动力蓄电池包内共有 4 个接触器，1 个正极接触器接在 13 号模组上，1 个负极接触器接在 1 号模组上，2 个分压接触器分别接在 6 号模组和 10 号模组上。

高压互锁回路接通信号是电动汽车上电成功的一个必要信号，必须接通高压互锁回路，才能正常上电。高压互锁回路由高压电控总成、动力蓄电池包、动力蓄电池管理器和 PTC 组成。高压互锁回路依次将高压电控总成低压导线连接器的线束插接件端子 22、PTC 的线束插接件端子 2 和线束插接件端子 1、动力蓄电池管理器的 2 号导线连接器的线束插接件端子 7、动力蓄电池管理器的 1 号导线连接器的线束插接件端子 1、动力蓄电池包导线连接器的线束插接件端子 9、动力蓄电池包导线连接器的线束插接件端子 14 和高压电控总成低压导线连接器的线束插接件端子 23 串联起来。而高压导线连接器处损坏的互锁端子属于高压电控总成部分。试着断开高

压电控总成低压导线连接器，测量其端子线束插接件 22 与线束插接件端子 23 间导通情况，结果为不导通。插上高压电控总成低压连接器后将线束插接件端子 22 与线束插接件端子 23 短接，恢复其他连接器，按下起动开关，再次测量四合一控制器内动力蓄电池导线连接器的输出电压，电压为 628.6V，根据上述检查判断故障原因为高压导线连接器负极互锁端子损坏。

（三）故障排除

这种情况下必须更换高压导线，只好将高压电控总成低压导线连接器线束插接件端子 22 和线束插接件端子 23 临时用导线短接，并与四合一控制器连接紧固后，接好低压蓄电池负极，重新上电，约 1min 后仪表显示屏绿色 OK 灯亮起，上电成功，故障清除。

（四）故障结论

1）车辆本身系统不易出现问题，一般问题会出现在线束连接、插接件、熔丝、继电器等地方。

2）诊断过程中时刻遵守安全操作规范。

3）正确使用各种工量具读取车辆信息。

4）插接件接合和断开过程中要注意方向，应使用巧力，以免破坏连接情况。

二、吉利帝豪 EV450 故障案例分析

案例一 仪表 READY 灯不亮

（一）故障现象

一辆 2018 年吉利帝豪 EV450 纯电动汽车。车主报修仪表 READY 灯不亮，也不显示 SOC 数值，车辆无法行驶，并且动力蓄电池故障指示灯、低压辅助蓄电池指示灯和电量过低指示灯均点亮的故障。

（二）故障诊断

维修人员接车后首先对车辆故障进行验证，发现车辆的故障现象与报修内容一致。按照汽车维修作业时由简到繁、由外及里、少拆为宜、故障码优先的原则，维修人员先对该车的低压辅助蓄电池进行了检测，显示电压为 12.7V 正常，维修手册注明低压蓄电池满电状态电压为 12~14V 之间。连接故障诊断仪读取车辆故障信息，如图 9-12 所示。诊断仪显示动力蓄电池系统无法进入，整车控制器系统故障码为 U011287 与 BMS 通信丢失。

吉利帝豪 EV450 采用三元锂电池，以钴酸锂、锰酸锂或镍酸锂等化合物为正极，以可嵌入锂离子的碳材料为负极，使用有机电解质。动力蓄电池组额定电压 346V，工作电压范围 266~408.5V，电池容量 150Ah，重量 384kg。动力蓄电池总成安装在车体下部，动力蓄电池管理系统 BMS 能够对动力蓄电池组总电压、总电流、每个监测点温度和单体蓄电池电压参数进行实时监控，并进行故障诊断、SOC 剩余电量计算、短路保护、漏电监测、报警显示、充放电模式选择等。BMS 还负责将动力蓄电池相关参数上报 VCU 整车控制器，由 VCU 控制动力蓄电池的充放电功率。该车动力蓄电池的 BMS 模块设有两个低压线束连接器与车辆线束相连接，即整车通信 12P-A 和整车通信 12P-B，如图 9-13 所示。整车通信 12P-A 连接器主要连接线路为供电、CAN 总线及诊断座，整车通信 12P-B 连接器连接线路为快充接口。

通过查询维修手册电路图，BMS 模块的整车通信 12P-A 连接器电路如图 9-14 所示。该电路设有两个供电线路，一个是 10A EF01 为常电，位于前机舱熔丝继电器盒；另一个是 10A IF18 点火开关 IG2 供电，位于室内熔丝继电器盒。

图 9-12　连接故障诊断仪

图 9-13　BMS 模块低压线束连接器

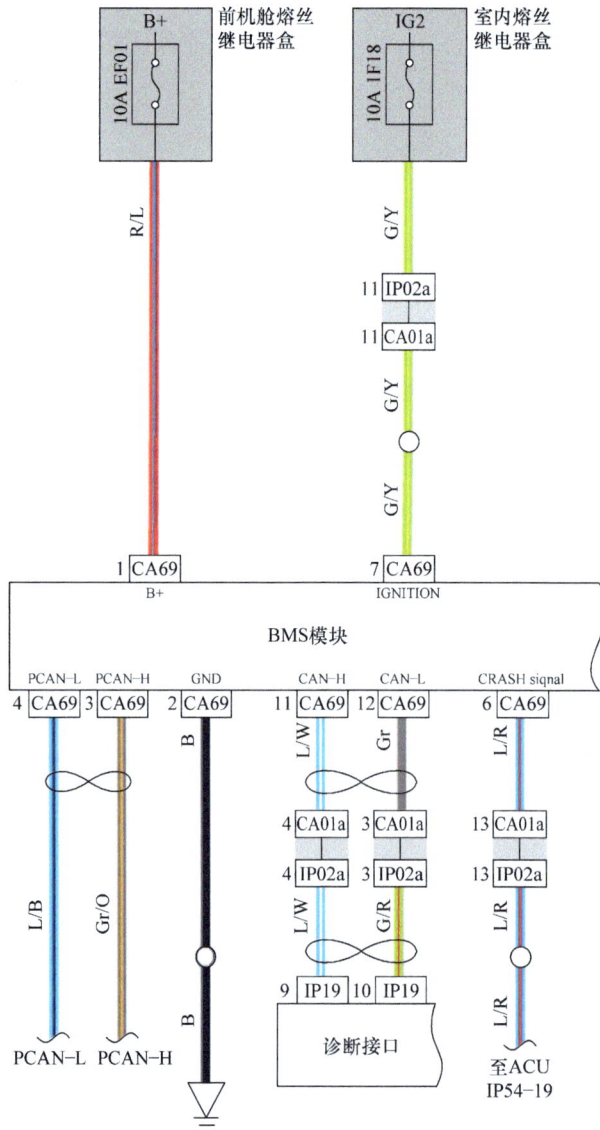

图 9-14　BMS 系统电路图

根据电路原理，首先检查前机舱熔丝继电器盒 10A EF01，熔丝外观正常，用万用表测量熔丝与接地电压 12.6V，数值正常；然后检查驾驶室室内熔丝继电器盒 10A IF18，熔丝外观正常；点火开关 ON 档时表测量保险丝与接地电压 12.6V，数值正常。于是举升车辆，继续检查动力蓄电池 CA69 BMS 模块线束连接器 A，图 9-15 所示，发现该线束连接器的 1 号线束插接件端子有退针现象。

图 9-15　动力蓄电池 CA69 BMS 模块线束连接器 A

（三）故障排除

查明故障原因后需要对线束插接件端子的退针现象进行复位修复。在对新能源汽车进行任何维修作业时都要必须遵守维修手册所要求的警告和注意事项。

警告： 在维修任何电气部件前，启动开关电源模式必须置于 OFF 关闭状态，并且所有电气负载必须为 OFF，除非带电操作程序中另有说明。如果工具或设备容易接触裸露的带电电气线束插接件端子，还需要断开低压蓄电池负极电缆。违反这些安全须知，可能导致人身伤害和 / 或损坏车辆、车辆部件。

在关闭全车用电设备和点火开关的前提下，拆卸低压蓄电池负极电缆，并在车辆上放置高压安全警示牌。然后将动力蓄电池 CA69 BMS 模块线束连接器 A 的 1 号退针线束插接件端子进行复位修复，之后给车辆重新上电，仪表 READY 灯点亮，其他的故障报警指示灯已消除报警模式，车辆功能恢复正常。再次连接故障诊断仪，清除故障码完成车辆的维修作业任务。

（四）故障结论

1）在车辆维修诊断过程中时刻要遵守安全操作规范。

2）在进行维修作业时应遵循由简到繁、由外及里、少拆为宜、故障码优先的原则，尽量避免大拆大卸。

3）车辆各个控制系统的电控单元出现故障的概率通常不会很高，相对来说，车辆线束的连接器、线束插接件端子、熔丝、继电器是比较容易出现问题的地方。

案例二　事故车修复后仪表 READY 灯不亮

（一）故障现象

一辆 2018 年吉利帝豪 EV450 纯电动汽车，车辆发生了碰撞事故后用拖车送到了 4S 店。修好后出现打开点火开关 READY 灯不亮、仪表上面的系统故障灯和低压辅助蓄电池指示灯点亮的故障。

（二）故障诊断

由于该车是事故车，维修人员首先仔细检查了车辆的装配情况，没有发现异常。连接故障诊断仪读取车辆故障信息，在电机控制系统读取出 P171100 信号失配错误，P0C5200 余弦 / 正弦输入信号低于电压阀值，P171400 锁相错误，P130C00 旋转变压器初始化错误的故障内容。故障信息显示的内容指出驱动电机的旋转变压器有故障，按照故障码优先的原则，首先进行旋转变压器的检测。

旋转变压器简称旋变，用来检测驱动电机转子当前的旋转相位，电机控制器通过旋变信号计算当前的驱动电机转速。吉利帝豪 EV450 纯电动汽车采用磁阻式旋转变压器，结构如图 9-16 所示。

　　旋变转子与驱动电机转子同轴连接，安装在驱动电机定子上，当驱动电机旋转时带动旋变转子旋转。旋变定子内侧有感应线圈，安装在驱动电机定子上。旋转变压器与电机控制器通过 6 根低压线束连接，2 根是激励信号，另外 4 根分别是旋变输出的正弦信号和余弦信号。旋转变压器控制电路如图 9-17 所示，旋转变压器的 6 根线路中，任何一根线路出现故障都会导致驱动电机无法正常工作。

图 9-16　磁阻式旋转变压器

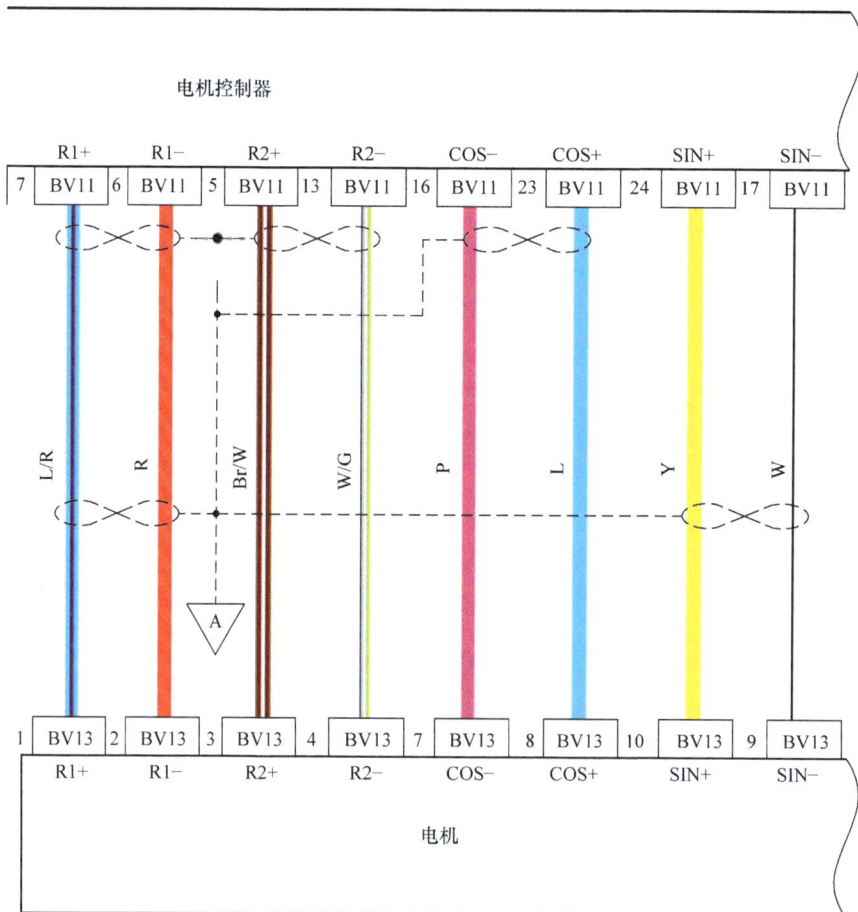

图 9-17　旋转变压器控制电路

　　查阅维修手册，驱动电机旋转变压器感应线圈的标准数值为：余弦 $14.5 \pm 1.5\,\Omega$，正弦 $13.5 \pm 1.5\,\Omega$，励磁 $9.5 \pm 1.5\,\Omega$。关闭点火开关，断开驱动电机 BV13 线束连接器，用万用表测量旋转变压器感应线圈阻值，均在正常范围内。继续检查旋转变压器与电机控制器之间的线路，发现励磁信号线路存在断路现象，依此判断为线束故障。

（三）故障排除

车辆的线束当中出现了断路故障，说明在碰撞事故发生时线束受损，厂家对于此类故障的维修要求通常是更换线束。维修人员更换了该车的前机舱线束，然后连接低压蓄电池负极恢复车辆供电，点火开关在 ON 档时仪表 READY 灯点亮，上电成功。之后踩制动踏板挂档，车辆也能够正常行驶，故障被排除。再次连接故障诊断仪，清除控制单元存储的故障码。

（四）故障结论

车辆出现事故后造成的故障主要分为受损部分的明确故障和受碰撞影响的潜在故障。该车在维修完明确故障以后仪表故障灯点亮，不能正常上电行驶，说明还存在不确定的潜在故障。因此，在维修事故车时，除了完成定损部位的保修项目以外，还要仔细彻底的检查维修清单之外的其他系统，这也是事故车修复之后的验收重点。

案例三 交流充电插座热敏电阻失效

（一）故障现象

一辆 2018 年吉利帝豪 EV450 纯电动汽车，按照使用手册要求到 4S 店例行保养，客户描述该车在使用过程中没有发现任何异常现象。维修人员接车后按照要求对车辆进行保养，之后连接诊断仪读取车辆运行信息，意外地发现在车载充电机控制系统读取到 P1A8998 热敏电阻失效故障，虽然该车在使用过程中用户没有发现异常现象，但是还需要进一步检查车辆状况。

（二）故障诊断

吉利帝豪 EV450 充电系统从功能上可分为快充、慢充、低压充电、能量回收 4 项。交流充电接口、直流充电接口都安装在车身左侧，如图 9-18 所示。充电时，根据选择的充电类型连接交流充电插头或直流充电插头，连接正确后开始充电。每个充电接口都设有检测回路，当出现故障时系统能够自行检测并记录相应的故障码。充电接口盖开关位于驾驶人座椅下方，向上扣动开关即可打开充电接口盖板。

电机三相线束　直流充电接口　直流母线　交流充电接口

图 9-18 吉利帝豪 EV450 充电接口

吉利帝豪 EV450 车型在充电接口设有指示灯，用于指示不同的充电状态，如图 9-19 所示。通过充电指示灯的工作状态可以初步判断充电过程是否正常。充电接口还具有照明功能，照明灯为白色，直接有整车控制模块控制。当车辆处于未充电状态时，打开充电接口盖后 VCU 立即控制充电接口照明灯点亮 3min，工作期间检测到充电枪插入 3s 后或充电接口盖关闭后则停止充电接口照明灯点亮。

图 9-19　充电接口指示灯

当整车控制模块 VCU 接收到 BMS 的充电状态信息时，控制充电接口的指示灯工作，充电指示灯工作状态定义见表 9-1。

表 9-1　充电指示灯工作状态定义

指示灯颜色	工作状态	定义
—	熄灭	未充电
绿色	常亮 15min	充电完成
绿色	闪烁（1Hz）	正在充电
红色	常亮 15min	充电故障

车辆在进行常规保养作业时，意外地发现在车载充电机控制系统读取到 P1A8998 热敏电阻失效故障，说明该车的充电接口处设有温度传感器。在新能源汽车插枪充电过程中，因充电电流较大，尤其是快充时电流更大，使得充电枪与充电接口的温度会上升，壳体受热膨胀，导致充完电后，充电枪从充电插座中拔出时比较费力，甚至有可能还会出现高温烧蚀充电接口的现象。目前，针对充电枪和充电接口的温度控制主要是通过设置温度传感器进行检测，利用 NTC 热敏电阻等温度传感器的特性来监测温度值。该测温方式具有体积小、成本低、便于安装、精度高以及稳定性好的优点。

通过查询维修手册得知该车交流充电插座和直流充电插座均设有温度传感器。由于该车用户没有用过直流充电模式，所以决定先检查交流充电控制电路。关闭点火开关，拆卸低压辅助蓄电池负极连接线，断开交流充电插座上面的 BV25 低压线束连接器，控制电路如图 9-20 所示。用万用表测量车载充电机连接线束 BV10/34 线束插接件端子与交流充电插座线束连接器 CA62/10 线束插接件端子，电阻值标准 0.2Ω；测量车载充电机连接线束 BV10/17 线束插接件端子与交流充电插座线束连接器 CA62/11 线束插接件端子，电阻值 0.2Ω；测量交流充电插座低压线束连接器 BV25/10 和 BV25/11 号线束插接件端子温度传感器的阻值，数值为无穷大，说明温度传感器损坏。

图 9-20 交流充电接口与车载充电机连接电路

（三）故障排除

该车交流充电接口的温度传感器设置在充电插座内部，因此需要更换交流充电插座总成。当维修人员更换交流充电插座总成后，重新给车辆上电，车辆运行与充电等其他功能均正常。再次连接故障诊断仪读取车辆信息，显示系统正常，无故障码。

由于交流充电插座属于高压部件，因此在维修时必须要遵守新能源汽车安全操作规范并采取必要的防护措施。车辆维修时，必须设置专职监护人一名，监护人和维修人员必须具备国家认可的《中华人民共和国特种作业操作证（电工）》，监护人的工作职责为监督维修的全过程。禁止未经培训的人员进行高压部件的检修，避免发生安全事故。

（四）故障结论

1）该案例属于比较典型的有故障码没有故障现象的情况，在检修过程中要认真查阅维修手册，仔细检查与故障码相关的各个线束连接器和零部件。

2）诊断过程中要严格遵守安全操作规范，采取必要的防护措施。

3）正确使用各种维修工具设备，在使用前要先检查工具设备的性能是否正常。

新能源汽车技能大赛项目案例及评分细则

赛项设置目的：

紧跟国家新能源汽车发展战略，更好地服务新能源汽车产业相关领域人才培养需求，引领职业院校相关专业和课程建设，实现以赛促教、以赛促改，推动产教融合、校企合作，对接岗位核心技能培养双师团队，提高职业院校人才培养质量。赛项对接纯电动汽车企业先进技术和行业标准，把真实的工作过程、任务和要求融入比赛环节，注重团队合作，能够检验参赛选手的综合职业能力，注重德技并修，在2018年第一次作为高职技能大赛比赛项目进行组织和开展。

赛项设计说明：

赛项设计涵盖新能源汽车结构原理、安全规范等专业知识，考核选手对于新能源汽车电源系统、充电系统、驱动系统、空调系统及通信系统等专业技能点的掌握程度；检验选手安全防护、操作规范、团队合作和职业素质。

赛项内容：

赛项设置一般有动力蓄电池组拆装与检测、能量供给系统检测与诊断、上下电操作、动力蓄电池（DC/DC变换器）故障诊断、高压互锁故障分析、车载充电机更换、纯电动汽车整车综合故障排除等实操部分，确保在高压系统操作安全的前提下，综合考察选手对于纯电动汽车结构原理、动力蓄电池组、能量管理系统、驱动系统、高压电安全防护、维修工具设备使用等方面的专业知识和核心技能。

实操项目一 动力蓄电池拆装与检测

一、要求

依据国家相关标准要求，结合厂家技术标准和选手作业表中的要求，严格执行高压作业安全规定，规范使用工具仪器，在整车上完成动力蓄电池组总成的检测与更换任务，并形成书面报告。

二、项目实施步骤及评分标准

（一）作业前准备评分表（见附表1）

附表1 作业前准备评分表

序号	作业项目	分值	评分细则	得分
1	设置隔离栏、警示牌	2	每项1分	
2	检查人身绝缘防护装备：绝缘帽、防护眼镜、绝缘手套、绝缘鞋	3	每项1分	
3	检查绝缘工具、万用表、放电工装	3	每项1分	
4	力矩扳手、棘轮扳手、套筒等	1	1分	
5	设置翼子板护围、座套、转向盘套、脚垫	1	1分	

（续）

序号	作业项目	分值	评分细则	得分
6	检查举升机（四个支撑脚垫应接近同一水平高度）	2	1分	
7	检查动力蓄电池举升平台，上升可靠、下降速度平稳可调	3	每项1分	
总分		15		

（二）高压断电作业评分表（见附表2）

附表2 高压断电作业评分表

序号	作业项目	分值	评分细则	得分
1	打开起动开关，检查仪表显示故障，做好记录	1		
2	用解码器检查故障，记录故障界面	4		
3	检查车位，确定N位，拉好驻车制动手柄，启动钥匙置于OFF位，取下启动钥匙并装在口袋内	2	每项0.4分	
4	断开12V低压蓄电池负极线，用绝缘胶带进行包裹	2	每项1分	
5	拔出维护插接器，锁在工具箱内	1	拔出规范2分，锁1分	
6	支撑车辆，举升车辆到1.7m左右，举升机可靠锁止	2	支撑位置1分，举升锁止1分，裁判提示不得分	
7	检查动力蓄电池底板、车载充电机输入线束	2	记录准确2分	
8	拆下动力蓄电池线束护板	1	工具、顺序、放置	
9	检查低压控制线束插接件外观状况、高压线束插接件外观状况	2	检查、记录各1分	
10	拔出低压控制线束插接件，检查插接件技术状况（插头、插座）	2	拔出规范、检查记录各1分	
11	拔出高压线束插接件，检查插接件技术状况（插头、插座）	4	戴绝缘手套1分，拔出顺序规范3分	
12	用万用表检查动力蓄电池动力电缆正负输出端电压，确认为"0"	3	戴绝缘手套1分，测量2分	
13	用放电工装对高压负载端进行放电	2	戴绝缘手套1分，正负线芯放电1分	
总分		28		

（三）拆装、检查、清洁动力蓄电池箱体评分表（见附表3）

附表3 拆装、检查、清洁动力蓄电池箱体评分表

序号	作业项目	分值	评分细则	得分
1	推入动力蓄电池举升车到适当位置，接通气源，把平台升起接触到动力蓄电池底板、顶紧	9	每步3分	
2	用套筒把手按顺序拆下动力蓄电池固定螺栓，检查螺栓和螺孔状况	9	工具及操作、检查记录各3分	
3	缓降放下动力蓄电池，移出动力蓄电池	2	各步1分	
4	检查外观状况（上下结合部密封、外观、通气阀），半干抹布清洁动力蓄电池外部	5	检查记录3分，清洁2分	
5	推入动力蓄电池到适当位置、举升动力蓄电池对准定位、举升到位	9		
6	顺序连接动力蓄电池螺栓，用力矩扳手拧紧固定螺栓（按比赛规定力矩）	6	顺序、扭力3分	
总分		40		

（四）动力蓄电池连接线束安装、验收作业评分表（见附表 4）

附表 4　动力蓄电池连接线束安装、验收作业评分表

序号	作业项目	分值	评分细则	得分
1	举升车辆	1	安全举升	
2	连接动力蓄电池线束	2	先高压后低压顺序 1 分，插接件锁止到位 1 分	
3	安装动力蓄电池护板	1	顺序、力矩各 1 分	
4	放下举升机，移出举升支臂	1	规范、熟练	
5	插回维护插接器	1	规范、到位各 1 分	
6	连接 12V 低压蓄电池负极	1	连接并锁紧 1 分	
7	启动钥匙，仪表出现 REDAY	1	各 1 分	
8	解码器清除故障码，读取故障码，记录界面数据	2		
总分		10		

（五）场地恢复评分表（见附表 5）

附表 5　场地恢复评分表

序号	作业项目	分值	评分细则	得分
1	车身三件套、车内防护三件套整理	2	各 1 分	
2	工具、量具、高压防护用品整理	3	各 1 分	
3	场地清洁，作业标牌、围栏归位	2	各 1 分	
总分		7		

（六）各项目分值明细评分表（见附表 6）

附表 6　各项目分值明细评分表

序号	作业项目	类别	分值	得分
1	作业前准备	15		
2	高压断电作业	28		
3	拆装、检查、清洁动力蓄电池箱体	40		
4	动力蓄电池连接线束的连接、验收作业	10		
5	恢复场地	7		
总分		100		

实操项目二　高压系统绝缘检测

一、要求

能进行高压系统绝缘性能检测。

二、项目实施步骤及评分标准

（一）作业前准备评分表（见附表 7）

附表 7　作业前准备评分表

序号	作业项目	分值	评分细则	得分
1	设置隔离栏、警示牌	2	每项1分	
2	检查人身绝缘防护装备：绝缘帽、防护眼镜、绝缘手套、绝缘鞋	3	每项1分	
3	检查绝缘工具、万用表、放电工装	3	每项1分	
4	力矩扳手、棘轮扳手、套筒等	1	1分	
5	设置翼子板护围、座套、转向盘套、脚垫	1	1分	
6	检查举升机（四个支撑脚垫应接近同一水平高度）	2	1分	
7	检查动力蓄电池举升平台，上升可靠、下降速度平稳可调	3	每项1分	
总分		15		

（二）高压断电作业评分表（见附表 8）

附表 8　高压断电作业评分表

序号	作业项目	分值	评分细则	得分
1	打开启动开关，检查仪表显示故障，做好记录	1		
2	用解码器检查故障，记录故障界面	4		
3	检查车位、确定N位、拉好驻车制动手柄，启动钥匙置于OFF位，取下启动钥匙并装在口袋内	2	每项0.4分	
4	断开12V低压蓄电池负极线，用绝缘胶带进行包裹	2	每项1分	
5	拔出维护插接器，锁在工具箱内	1	拔出规范2分，锁1分	
6	支撑车辆，举升车辆到1.7m左右，举升机可靠锁定	2	支撑位置1分，举升锁定1分，裁判提示不得分	
7	检查动力蓄电池底板、车载充电机输入线束	2	记录准确2分	
8	拆下动力蓄电池线束护板	1	工具、顺序、放置	
9	检查低压控制线束插接件外观状况、高压线束插接件外观状况	2	检查、记录各1分	
10	拔出低压控制线束插接件，检查插接件技术状况（插头、插座）	2	拔出规范、检查记录各1分	
11	拔出高压线束插接件，检查插接件技术状况（插头、插座）	4	戴绝缘手套1分，拔出顺序规范3分	
12	用万用表检查动力蓄电池动力电缆正负输出端电压，确认为"0"	3	戴绝缘手套1分，测量2分	
13	用放电工装对高压负载端进行放电	2	戴绝缘手套1分，正负线芯放电1分	
总分		28		

（三）高压系统绝缘检测评分表（见附表 9）

附表 9　高压系统绝缘检测评分表

序号	作业项目	分值	评分细则	得分
1	用绝缘表检测动力蓄电池负载端高压线束绝缘状况，填写记录（动力蓄电池不设故障）	6	绝缘检测 4 分，记录准确 2 分	
2	降下车辆，列出绝缘故障排查顺序，用绝缘表查找故障点，不在 PDU 总成设置故障 动力蓄电池负载线束端绝缘值 故障可能点　检查结果 1 2 3 4 5 6	28	每段线束拆下与复装 2 分，绝缘检测 2 分	
3	更换故障线束排除故障	6	规范更换	
总分		40		

（四）动力蓄电池连接线束安装、故障排除验收作业评分表（见附表 10）

附表 10　动力蓄电池连接线束安装、故障排除验收作业评分表

序号	作业项目	分值	评分细则	得分
1	举升车辆	1	安全举升	
2	连接动力蓄电池线束	2	先高压后低压顺序 1 分，插接件锁止到位 1 分	
3	安装动力蓄电池护板	1	顺序、力矩各 1 分	
4	放下举升机，移出举升机支臂	1	规范、熟练	
5	插回维护插接器	1	规范、到位各 1 分	
6	连接 12V 低压蓄电池负极	1	连接并锁紧 1 分	
7	启动钥匙，仪表出现 REDAY	1	各 1 分	
8	解码器清除故障码，读取故障码，记录界面数据	2		
总分		10		

（五）场地恢复评分表（见附表 11）

附表 11　场地恢复评分表

序号	作业项目	分值	评分细则	得分
1	车身三件套、车内防护三件套整理	2	各 1 分	
2	工具、量具、高压防护器材整理	3	各 1 分	
3	场地清洁，作业标牌、围栏归位	2	各 1 分	
总分		7		

（六）各项目分值明细评分表（见附表 12）

附表 12　各项目分值明细评分表

序号	作业项目类别	分值
1	作业前准备	15
2	高压系统动力蓄电池连接线束断开作业	28
3	高压系统绝缘检测与故障排除作业	40
4	动力蓄电池连接线束插接情况、故障排除验收作业	10
5	恢复场地	7
总分		100

实操项目三　电动汽车车辆技术状况基本检查

一、要求

能进行电动汽车车辆技术状况基本检查。

二、项目实施步骤及评分标准

（一）作业前准备评分表（见附表 13）

附表 13　作业前准备评分表

序号	作业项目	评分标准	分值
1	场地准备	设置隔离栏	1
2		设置警示牌	1
3	检查并穿戴个人防护用品	检查并戴好绝缘帽	1
4		检查并佩戴防护眼镜	1
5		检查绝缘手套外观	1
6		进行绝缘手套充气检查	1
7		检查耐磨手套外观	1
8		检查并穿戴绝缘鞋	1
9	检查并调校设备仪器	检查并调校万用表	1
10		检查绝缘检测表	1
11	检查绝缘用工具	检查扭力扳手，绝缘层应无破损	1
12		检查棘轮扳手，绝缘层应无破损	1
13		检查开口扳手，绝缘层应无破损	1
14		检查螺钉旋具，绝缘层应无破损	1
15		检查套筒，绝缘层应无破损	1
16	实施车辆防护	设置翼子板护围	2
17		设置座套	2
18		设置转向盘套	2
19		设置脚垫	2
20	检测绝缘垫对地绝缘性能	用数字兆欧表检测绝缘垫 A 区（验电测试）	1
21		用数字兆欧表检测绝缘垫 B 区（验电测试）	1
22		用数字兆欧表检测绝缘垫 C 区（验电测试）	1
23		用数字兆欧表检测绝缘垫 D 区（验电测试）	1
总分			27

（二）车辆技术状况检查评分表（见附表14）

附表 14　车辆技术状况检查评分表

序号	作业项目	评分标准	分值
1	检查确认车辆停放	应停放在绝缘垫中心区域	2
2	确认场地与车辆状况	简单而全面地检查车辆四周（目视）	2
3	检查冷却液	打开前机舱盖，检查冷却液是否在标准内	2
4	检查低压蓄电池电压	低压蓄电池电压是否正常，如不正常，报告裁判	2
5	起动车辆前，提醒工位附近旁人	初次起动车辆前，须请示裁判	2
6	车辆起动操作，打开点火开关	仪表上点亮 OK 灯，连续起动不得超过 3 次	2
7	踩住制动踏板，能够将档位切换至 D 位和 R 位	仪表上显示 D 位或 R 位，最后切换为 P 位	3
8	检查 DC/DC 变换器工作正常	用万用表测量 DC 输出电压	4
9	检查助力转向工作正常	车辆停止时，转向应轻便	2
10	检查空调工作正常	正确使用空调控制面板按键，能够冷暖风切换	2
11	检查门窗门锁工作正常	正确使用门窗门锁开关，每个门窗升降、关闭锁	2
12	检查刮水器工作正常	正确使用刮水器开关，高低速、能喷水	2
13	检查灯光工作正常	正确打开灯光开关、左右转向、远近光、前后雾灯、前后示廓灯、倒车灯、制动车灯	3
14	使用诊断仪扫描整车系统正常	连接使用 VDS 解码仪，扫描所有电脑	4
15	关闭点火开关	仪表熄灭，关闭次数不超过 3 次	2
16	填写任务工单	记录现象，有故障说明故障现象，没有则写正常	2
总分			38

（三）5S 管理检查评分表（见附表15）

附表 15　5S 管理检查评分表

序号	作业项目	评分标准	分值
1	场地清理	着装整洁，形象清新	2
2		谈吐文明，表达清楚	2
3		任务单数据表格填写规范整洁	2
4		整理翼子板护围	2
5		整理座套	2
6		整理转向盘套	2
7		整理脚垫	2
8		整理工具	2
9		整理设备	2
10		整理个人防护品	2
11		整理隔离警示装置	2
12		清洁场地	2
13	安全规范与职业素养	工具未落地	1
14		工具完好	1
15		零件未落地	1
16		安全规范与职业素养零件完好	1
17		测量仪器完好	1
18		无操作失误	1
19		无安全事故	1
20		按照裁判要求，有逻辑地口述故障现象或阐述故障现象	1
21		按照裁判要求，口头讲述诊断要点并清楚地做出简单分析	1
22		按裁判要求，明确地口述作业项目或测试项目	1
23		按照裁判要求，回答诊断结论	1
总分			35

实操项目四 电动汽车高压互锁故障分析

一、要求

能进行高压互锁故障诊断与排除。

二、项目实施步骤及评分标准

（一）作业前准备评分表（见附表16）

附表16 作业前准备评分表

序号	作业项目	评分标准	分值
1	场地准备	设置隔离栏	1
2		设置警示牌	1
3	检查并穿戴个人防护用品	检查并戴好绝缘帽	1
4		检查并佩戴防护眼镜	1
5		检查绝缘手套外观	1
6		进行绝缘手套充气检查	1
7		检查耐磨手套外观	1
8		检查并穿戴绝缘鞋	1
9	检查并调校设备仪器	检查并调校万用表	1
10		检查绝缘检测表	1
11	检查绝缘用工具	检查力矩扳手，绝缘层应无破损	1
12		检查棘轮扳手，绝缘层应无破损	1
13		检查开口扳手，绝缘层应无破损	1
14		检查螺钉旋具，绝缘层应无破损	1
15		检查套筒，绝缘层应无破损	1
16	实施车辆防护	设置翼子板护围	2
17		设置座套	2
18		设置转向盘套	2
19		设置脚垫	2
20	检测绝缘垫对地绝缘性能	用数字兆欧表检测绝缘垫A区（验电测试）	1
21		用数字兆欧表检测绝缘垫B区（验电测试）	1
22		用数字兆欧表检测绝缘垫C区（验电测试）	1
23		用数字兆欧表检测绝缘垫D区（验电测试）	1
总分			27

（二）车辆技术状况检查评分表（见附表17）

附表17 车辆技术状况检查评分表

序号	作业项目	评分标准	分值
1	检查确认车辆停放	应停放在绝缘垫中心区域	2
2	确认场地与车辆状况	全面检查车辆四周（目视）	2
3	起动车辆前，提醒工位附近旁人	初次起动车辆前须请示裁判	2
4	车辆起动操作，打开点火开关	仪表显示信息，连续起动不得超过3次	2
5	确认故障：OK灯不点亮	记录故障现象	3

（续）

序号	作业项目	评分标准	分值
6	连接诊断仪读取故障码	正确连接使用 VDS 解码仪，进入系统读取故障码并记录	5
7	关闭点火开关	仪表灯熄灭，操作不超过 3 次	2
8	检查并判断故障部位	打开前机舱盖，带上绝缘手套检查高压连接插头	5
9	排除故障部位	正确找到故障部位，并将故障排除	4
10	起动车辆	仪表上点亮 OK 灯，连续起动不得超过 3 次	2
11	清除故障码	车辆工作正常，没有相关故障码	4
12	关闭点火开关	仪表灯熄灭	2
13	填写任务工单	记录现象，故障说明	3
总分			38

（三）5S 管理检查评分表（见附表 18）

附表 18　5S 管理检查评分表

序号	作业项目	评分标准	分值
1		着装整洁，形象清新	2
2		谈吐文明，表达清楚	2
3		任务单数据表格填写规范整洁	2
4		整理翼子板护围	2
5		整理座套	2
6	场地清理	整理转向盘套	2
7		整理脚垫	2
8		整理工具	2
9		整理设备	2
10		整理个人防护品	2
11		整理隔离警示装置	2
12		清洁场地	2
13		工具未落地	1
14		工具完好	1
15		零件未落地	1
16		零件完好	1
17		测量仪器完好	1
18	安全规范与职业素养	无操作失误	1
19		无安全事故	1
20		按照裁判要求，有逻辑地口述故障现象或阐述故障现象	1
21		按照裁判要求，口头讲述引发诊断要点并清楚地做出简单分析	1
22		按裁判要求，明确地口述作业项目或测试项目	1
23		按照裁判要求，回答诊断结论	1
总分			35